Thomas Robert
Malthus

人口原理

An Essay on the Principle of Population

【英】托马斯·罗伯特·马尔萨斯　著
杨菊华　杜声红　译/注

中国人民大学出版社
·北京·

译者序

今年是《人口原理》出版220周年，谨以此书向其作者马尔萨斯致敬！

一、马尔萨斯的生平简介

托马斯·罗伯特·马尔萨斯（Thomas Robert Malthus，1766—1834），18世纪末19世纪初英国著名的经济学家、人口学家，1766年2月生于伦敦附近的萨里郡，其父丹尼尔·马尔萨斯（Daniel Malthus，1730—1800）毕业于英国牛津大学，是一位思想激进的绅士，与大卫·休谟（David Hume，1711—1776）关系密切，并与卢梭（Jean-Jacques Rousseau，1712—1778）等人有过交往。马尔萨斯从小在家中接受教育，最初由其父亲亲自教导，后来师从格雷夫斯（Richard Graves，1715—1804）、韦克菲尔德（Gilbert Wakefield，1756—1801）等人。1784年，他进入剑桥大学基督学院，主修数学，师从威廉·弗伦德（William Frend，1757—1841）。在校期间，马尔萨斯学习成绩优异，且在竞赛中多次获得奖励，1788年获得文学学士学位，随后被任命为萨里郡的一个牧师；1791年又在剑桥大学获得文学硕士学位，1793年当选为基督学院院士。1798年，马尔萨斯发表了轰动一时的小册子——《人口原理》。1804年3月，38岁的马尔萨斯与他“漂亮的堂姐”哈里特·埃克瑟尔（Harriet Eckersall）结婚，并先后育有两女一子，其中一个女儿早年夭折，另一个女儿活到1885年，儿子于1882年去世但并未留下子嗣。婚后，马尔萨斯辞去了牧师一职，并于1805年接受了东印度学院的聘书，成为一名教职人员，但依然被众多学者称为“马尔萨斯牧师”。1805—1834年，马尔萨斯一直担任东印度学院的历史学和政治经济学教授，这是英国设立的第一个政治经济学教授职位，他也被誉为“第一位剑桥经济学家”。1824年，他当选为英国皇家文学协会会员，在欧洲享有非常高的声誉。1834年12月23日，马尔萨斯因心脏病去世，享年69岁。

马尔萨斯的一生，除了从事教学外，还进行了大量的学术研究，除了久负盛名的《人口原理》外，他在经济学领域也著作颇丰。1800年他出版了《当前粮食涨价原因的研究》（*The Present High Price of Provisions*），将粮食价格的上涨归因于“有效需求”的增加，而非货币数量的上涨。该小册子出版不久，他便受到时任首相小威廉·皮特（William Pitt the Younger，1759—1806）的接见。随后，他又相继出版和发表了《因惠特布雷德提出修改济贫法建议案给惠特布雷德的信》（*A Letter to Samuel Whitbread, Esq. M. P. on His Proposed Bill for the Amendment of the Poor Laws*，1807）、《论纸币的贬值》（Depreciation of Paper Currency，1811）、《谷物条例的后果以及谷物价格涨落对于农业和国家总财富的影响的考察》（*Observations on the Effects of the Corn Laws*，1814）、《有关东印度学院的演说，用事实驳斥近年来在所有法庭上对它的指责》（*Statement Respecting the East-India College*，1817）、《政治经济学原理》（*Principles of Political Economy*，1820年初版，1836年再版）、《价值的尺度》（*The Measure of Value*，1823）、《论政治经济学》（Political Economy，1824）、《论供给条件》（*On the Measure of the Conditions Necessary to the Supply of Commodities*，1829）、《论商品的价值》（On the Meaning Which is Most Usually and Most Correctly Attached to the Term Value of a Commodity，1829）等论文及著作，奠定了他在经济学领域的学术地位。

但使马尔萨斯饮誉世界的还是他于1798年匿名出版的《人口原理》一书。在他生前，《人口原理》一共出过6版。第一版的完整书名为《人口原理，人口对社会未来进步的影响，兼评葛德文先生、孔多塞先生和其他著述家的推测》。书的标题昭然揭示了马尔萨斯著书立说的目的。在书中，马尔萨斯提出了迄今仍广为世人争论不休的著名论点，可概括为两个基本前提、两种增长方式、两种人口抑制模式和三个命题。在《人口原理》第一版问世后，马尔萨斯又花了5年的时间，游历德意志、瑞典、挪威、芬兰和俄国，收集相关资料，继续研究人口问题，为其人口理论增添了更丰富的经验材料。1803年，马尔萨斯用真名出版了《人口原理》第二版。与第一版相比，第二版做了很大改进，从5万字左右的小册子发展为20万字左右的巨著，内容也更为充实，弥补了第一版“因琐事缠身而未能收集更多事实来阐明主旨”的遗憾。第二版的书名改为《论人口原理及其对人类幸福的过去和现在的考察，附预测将来关系消除和缓和由人口原理所产生的弊端研究》。随后，又分别于1806年出版了第三版，1807年出版了第四版，1816年出版了第五版，1826年出版了第六版，但6个版本中，除了第一版和第二版有较大差异外，其余各版相差无几，完全秉承了第一版的基本思想。我们所翻译的便是马尔萨斯于1798年出版的第一版《人口原理》。

二、《人口原理》写作的宏观背景

其实，人类很早就开始关注人口问题。在人类社会发展的各个历史时期，不论是在中国还是在外国，思想家、政治家、军事家、经济学家从各自所处的社会背景、阶级立场出发，对人口问题进行了思考，提出了不同的人口思想。

在史前时期，人口增长极其缓慢。据历史资料考证，公元前100万年世界人口为1万～2万，公元前1万年增加到400万，公元前3000年约为3 000万。由此可见，在近100万年的时间里，世界人口仅增加了3 000万左右。到了封建社会和中世纪时期，随着生产工具和生产方式的改变，社会生产力得到极大发展，人口进入了一个相对稳定且持续增长的时期。到公元元年，世界人口达到2.3亿，1650年增加到5.5亿。其间，尽管因战争、疫病的影响，以及社会背景的差异，学者们关于人口问题的看法存在明显差异，但鼓励人口增长的思想一直占据主流地位。

长期以来，人口和土地一直都是封建政权赖以生存、维持其统治的物质基础，二者是否协调，关系到社稷安危、国家治乱。由于战事紧张、灾害连连，人口常常不能满足封建统治阶级的政治和经济需要，故历朝历代都在追求“人力田畴，二者适足”的状态，即人口众多以开发土地，土地肥沃充足以供养人口。人多好还是人少好，多少人才足够，则要从一个国家的实际情况来看，处于不同历史阶段、不同社会制度及不同发展阶段的国家，一般都有不同的人口政策。人口和土地的适度关系，或者说人口与粮食的适度关系，一直是中国的封建统治者、军事家、政治家和思想家一致向往和追求的目标。

孔子（公元前551—公元前479）、墨子（约公元前468—公元前376）、管子（约公元前723—公元前645）、商鞅（约公元前395—公元前338）等古代思想家均主张增殖人口。孔子的儒家思想、孝道文化是几千年来我国传宗接代思想观念特别浓厚的重要原因，对人口增长起到了巨大的推动作用。战国初期，宋国著名的思想家墨子在其《墨子·贵义》中指出，“为者寡，食者众则岁无丰”，但若增加人口，同时发展生产，则可增加社会财富，从而使人民衣丰食足。为此，他提出早婚、非攻等一系列增加人口的具体措施。商鞅和管子等人则从富国强兵的角度出发，认为“人众兵强，此帝王之大资也”（《商君书·弱民》）、“地大国富，人众兵强，此霸王之本也”（《管子·重令》）。

虽然先秦时期，广土众民的思想已经根深蒂固，但是仍有一些思想家、政治家看到人口过快繁衍的弊端。到了战国末期，法家著名思想家韩非子（公元前280—公元前233）通过古今对比指出，“古者，人民少而财有余，故民不争”，而“今人有五子不为多，子又有五子，大父（祖父）未死而有二十五孙，是以人民众而货财寡，事力劳而供养薄。故民争，虽倍赏累罚而不免于乱”，即人口众多导致人均财富减少，为了谋求生存资料可能引发战乱（《韩非子·五蠹》）。

到了清代，尤其是康熙、雍正、乾隆时期，人口发展迅速，人口过剩带来的问题逐渐显现。据《清实录》记载，1652年，全国总人口为1 448万；康熙五十二年（1713），全国总人口为2 358万，61年间增加了五分之三左右；乾隆六年（1741），全国总人口达到14 341万，短短二十几年，人口增长了数倍之多。在此背景下，洪亮吉（1746—1809）提出了人口过剩的思想，被认为是和马尔萨斯一样在人口思想史上具有划时代意义的人物，且其思想早于马尔萨斯。他认为“高、曾之时，隙地未尽辟，闲廛未尽居也。然亦不过增一倍而止矣，或增三倍五倍而止矣。而户口则增至十倍二十倍。是田与屋之数常处其不足，而户与口之数常处其有余也”（《洪北江全集·意言·治平篇》）。洪亮吉虽然并未使用人口以几何级数增长、粮食以算术级数增长的表述，但同样表达了人口增长速度快于生活资料增长速度的思想。他认为人口过剩的原因同时包括社会因素和自然因素。为此，洪亮吉提出了两种抑制人口增长的措施。一是针对自然因素，提出“天地调剂之法”（《洪北江全集·意言·治平篇》），即干旱、水患、疾病、瘟疫等各种自然灾害增加人口死亡。二是针对社会原因，提出“君相调剂之法”（《洪北江全集·意言·治平篇》），即国家通过减税轻赋、赈济灾民等措施减少人口死亡。

古希腊时代，柏拉图（公元前427—公元前347）在《理想国》和《法律篇》中均提到控制人口和适度人口思想。他从军事防御和人口管理的角度出发，提出“小国寡民”的城邦政策，认为公民的数量最好是维持在5 040人。为满足这一人口规模，他主张国家应干预人民的婚配，通过优秀男性与优秀女性结婚提高人口素质，通过移民和杀婴控制人口过快增长。亚里士多德（公元前384—公元前322）秉承了柏拉图适度人口的思想，强调稳定的人口是社会存在和发展的关键因素。

但是，以基督教为主的宗教人口思想，主张增加人口。奥古斯丁（Saint Aurelius Augustinus，354—430）主张人的生死由上帝支配，已婚人口不能人为采取措施进行避孕、任意终止妊娠或者离异。同理，托马斯·阿奎那（Thomas Aquinas，约1225—1274）认为，生儿育女是人的自然本性，人们应遵循这一本性，反对采取避孕、节育等措施人为干预生育行为，鼓励人口增殖。

从17世纪50年代开始至第二次世界大战以前，资本主义兴起，社会生产力迅速发展，社会、经济、政治、文化等各方面都发生了一系列重大变革。现代医疗卫生技术的进步和公共卫生环境的改善，使得死亡率大幅下降，带来了世界人口的爆炸式增长：由1650年的5.5亿，增加到1700年的6.3亿，

1750年的7.3亿，1800年更是达到9亿，一百多年间接近翻番。这一增长速度相对于马尔萨斯提出的每25年人口翻一番无疑是较慢的，但此时的人口规模已经远远超出马尔萨斯时期的数量。由此，认为人口过剩的学者增多，主张人口控制的学术思潮逐渐成为人口思想的主流。

以理查德·坎蒂隆（Richard Cantillon，1680—1734）、弗兰斯瓦·魁奈（François Quesnay，1694—1774）等人为代表的重农主义者，坚持以自然秩序为看待问题的根本出发点，认为农业而非工业是财富的唯一来源、是社会收入的基础，土地所有者阶级才是社会的主宰，决定着其他社会阶级的生存与生活。但是，如果人口的增加不受任何抑制，就会像谷仓里的老鼠一样，无限繁殖，直至受到生产资料的限制。而以让·巴普蒂斯特·柯尔贝尔（Jean-Baptiste Colbert，1619—1683）以及詹姆斯·德哈姆·斯图亚特（James Denham Steuart，1712—1780）等人为代表的重商主义者则认为对外贸易才是增加国家财富的唯一手段。因适逢黑死病流行，人口大量减少，重商主义者鼓励人口增殖。他们认为，人口增加可以降低劳动力成本，从而提升国家在国际贸易中的竞争优势，增加国民财富。

英国古典经济学的鼻祖亚当·斯密（Adam Smith，1723—1790）在他的著作中也谈到人口问题，其观点被马尔萨斯多次引用。他认为人口增长有利于国家财富积累，增加人均财富的占有量进而增加一个国家的财富总量。但是，直到罗伯特·马尔萨斯的《人口原理》，才有了一部专门论述人口问题的著作，开启了人口理论的先河。因此，此书一出，便引起广泛争论，马尔萨斯也因此留名史册。

《人口原理》是时代的产物。马尔萨斯生活的时代正逢英国工业革命初期，经历了17世纪频繁的政治动乱和17—18世纪关于理性是神学和信仰还是自然科学的讨论。此时的英国社会正经历着巨大转变：以蒸汽机为代表的机器生产逐渐代替了手工业生产，棉纺织业取代了毛纺织业成为核心产业，与此相关联的采矿业、交通运输业也得到迅速发展，工业成为国家财富的重要来源。1700年，英国三产的比重分别为56∶22∶22，而到1820年三产之比则变为37∶33∶30，农业的比重大幅下降。新兴资产阶级与封建土地贵族之间的矛盾成为当时社会的主要矛盾。与此相应，欧洲人口也迅速增加，成为当时全世界人口最为稠密的地区，人口密度达到每平方公里 18.7 人，而同时期的亚洲每平方公里仅为 14 人，非洲和美洲更是不到 5 人。人口的大规模增加，一方面可以刺激生产，降低劳动力成本，加快工业革命的进程；但另一方面也会带来粮食危机、无业失业、工资下降、物价上涨、居住拥挤、生活贫困等社会问题，迫使众多不幸者以乞讨为生，或通过移居他乡寻找新的生活来源。

在此背景下，“人类究竟是从此会以加速度不断前进、前景远大得不可想象，抑或注定要永远在幸福与灾难之间徘徊，做出种种努力之后仍然距离想要达到的目标无限遥远”（《人口原理》）这一问题成为当时争论的焦点。其中，对马尔萨斯影响最大的是孔多塞和葛德文二人。在 1789 年开始的法国大革命中，法国改革论者马里·让·孔多塞（Marie Jean-Antoine Nicolas Condorcet，1743—1794），完成了被称为世纪遗书的《人类精神进步史表纲要》（*Esquisse d'un Tableau Historique des Progrès de l'Esprit Humain*）。尽管在撰写此书期间，孔多塞先生已经被残酷地剥夺了公民权利，但他始终相信，人类社会在未来将趋于完善，现实的不平等和贫困都是由私有制的社会制度造成的。他从社会进化的角度出发，推测人类有机体是可完善的。他认为，随着人类理性和社会秩序的进步，医疗技术水平将不断得到改善，人类虽然不能免于死亡，但人类的寿命可以无限延长，而且延长的限度大于任何已知的界限。人口增长带来的压力只会发生在遥远的未来，人口增长不会超过生活资料的增长。

1793 年，英国小资产阶级革命家威廉·葛德文（William Godwin，1756—1836）出版《论政治正义及其对道德和幸福的影响》（*An Enquiry concerning Political Justice, and Its Influence on General Virtue and Happiness*，简称《政治正义论》）。在书中，葛德文极力赞美法国革命，强调现有财产制度的不平等违背了正义的原则，导致了人类的贫困和罪恶，而所有的政府都在试图庇护这种不平等的、非正义的人类制度。因此，要建立一个人人平等、财富分配公平的社会，就必须废除现有的私有制。他反对人口过剩的论调，认为“也许人口增长了无数世纪以后，土地仍将足以供养生活于其上的居民”。即使性交基于完全自愿的原则，这种自由也并不会导致男女乱交，因为理性会引导人类精神的进步，防止纵欲过度，人口增长对平等制度的阻碍作用只有在遥远的未来才会发挥出来。

1797年，即在马尔萨斯的《人口原理》第一版出版的前一年，葛德文又出版了《研究者：教育、习俗及文艺的评论》（*The Enquirer*，简称《研究者》）一书。他在该书的“贪婪与奢侈”（Avarice and Profusion）一章中指出，机器的发明与使用减少了对劳动力的需求，导致劳动力的供给数量远远大于实际需要的劳动力数量，从而降低了劳动力报酬。为了满足基本的生活开销，劳动者不得不延长工作时间，陷入贫困和痛苦的境地。在该书中，葛德文提倡建立一种人人平等的社会制度，在这种制度下，人们能够平等地分担劳动，平等地享有劳动成果。

葛德文的观点受到马尔萨斯父亲的热烈追捧。当时，老马尔萨斯兴致勃勃地把葛德文的名著《研究者：教育、习俗及文艺的评论》介绍给他，但父子俩对此书的理解不一，并展开了激烈的讨论。在马尔萨斯看来，葛德文的观点过于理想化，跟现实的社会发展水平不符，跟人类社会的发展规律也不相衬。人口呈几何级数增长，粮食呈算术级数增长，人口增长必然超过粮食增长，理想社会和完全平等是无法达到的。在与父亲辩论之时，马尔萨斯“最初想出了他的理论”，“下决心把自己的思想整理成文，予以出版”。于是，他在1798年匿名出版了《人口原理》的第一版，这便是本书的缘起。

三、本书的基本结构与主要内容

由书名可以看出，《人口原理》是一本论战性的著作，马尔萨斯试图通过构建人口理论对孔多塞和葛德文的改革思想予以驳斥。《人口原理》第一版共有19章，可以分为四个部分。第一部分包括第一和二章，是该书的主体部分，马尔萨斯提出了人口原理的两个基本前提和三个命题。第二部分为第三至七章，是人口原理的论证部分，马尔萨斯通过描述野蛮或狩猎状态、游牧状态以及文明国家状态的人口历史来证明其理论，并以当时的英国为例分析了人口理论中三个命题的合理性。第三部分是第八至十七章，是该书的辩论部分，马尔萨斯批判了以葛德文和孔多塞为主的大批学者的观点，并强化了人口原理的应用性。第四部分为第十八和十九章，是总结部分，概括和重述了他对人类和社会可完善性的看法，他承认自己“对人类生活的看法具有忧郁色彩，那是因为我确信现实世界中本就存在这样的色彩，而非因我的偏见或我生性忧郁”。

如书名所示，《人口原理》旨在分析人口对未来社会进步的影响，论证“人类和社会的不可完善性”。马尔萨斯从人口原理出发，回顾了野蛮状态、狩猎状态和文明国家状态下，英国以及世界范围内，人口增长和生活资料增长的情况，力图证明人口原理的存在，反驳孔多塞、葛德文关于人类和社会可完善性的论断。

在本书第一部分，马尔萨斯就抛出了自己的主要观点，提出人口按照几何级数增长，生活资料按照算术级数增长；人口的增长必然会超过生活资料的增长；贫困、罪恶、战争、自然灾害等积极性抑制，以及推迟结婚、不婚等预防性抑制，将会迫使人口的增长与生活资料的增长相互适应。

在论证主要观点之前，马尔萨斯“合理”地提出了两条公理，这也是他整个论证的基本前提。第一条公理是，食物是人类生存所必需的。目前而言，没有人能够否认这一点，没有人可以不依靠食物而生存。第二条公理是，两性间的情欲是必然的，且将几乎保持现状。即使有如葛德文先生一样的学者曾推测，两性间的情欲有一天终将消失，也有已经步入晚年的老人批判逐渐消失的情欲，但在马尔萨斯看来，这些毕竟只是少数，而且几千年的历史表明，情欲一直存在。因此，如果就此推测情欲终将消失，那就如同将例外变成规则，是不符合哲学规范的。

假设情欲持续存在且对人口增长不加抑制，则人口将按照 1、2、4、8、16、32、64 这样的比率增长，以美国为例，人口每 25 年就会翻一番。但显然，这一增长率并未达到人口的最高增殖力。如果一个国家人人平等，道德高尚，民风淳朴，生活资料充足，人们无须为家用不足而担心，无须为抚养子女而忧愁，则该国的人口增长速度会大大超过我们迄今所知的任何国家的人口增长速度。

与人口增长情况不同，即使假定通过实施尽可能好的政策，开垦更多的土地，大规模地鼓励农业生产，最为乐观的假设也只能是，该国的产量在第一个 25 年里翻一番，但在第二个 25 年里就不可能假设产量会增长到原来的 4 倍。根据对土壤肥力和生产条件的判断，在第二个 25 年里，粮食产量最多增加与原产量相等的产量，即假设生活资料按照 1、2、3、4、5、6 这样的比例增加。

由于人口的增殖力和土地的生产力天然地不相等，人口的增长速度快于生活资料的增长速度，而食物又是人类生存所必需的，所以，注定有人会遭受贫困和痛苦。假设某一国家有 700 万人口，且现有粮食产量刚好能养活这些人。在第一个 25 年里，人口的增长和食物的增长刚好相等，生活资料依旧能够满足所有人的生存需要，但从第二个 25 年开始，将有越来越多的人得不到足够的生活资料。

为了使人口和食物增长始终保持一致，社会自我完善过程中必然存在不可克服的巨大障碍，只有依靠强有力的自然法则不断发挥作用，才能抑制更加强大的人口增殖力。相较于植物和动物，人类对繁殖力的抑制较为复杂。人类是既包括肉体也包括理性的复合生物，一方面受到强有力的本能驱使而繁衍后代，另一方面又受到理性的束缚，通过对未来的考量做出适宜的生育或婚姻决策。

根据上述推论，马尔萨斯总结出了三个“一目了然”的命题。首先，若无生活资料，人口便无法增长。很显然，这实际上等价于第一条公理。其次，只要有生活资料，人口便会增长。这一命题实际上是两条公理的结合，生活资料只能满足人口的生存，不一定带来人口增长，但如果情欲一直持续，永不消失，则只要有足够的生活资料，人们不仅能够存活而且会生儿育女。基于前两个命题，马尔萨斯提出的第三个命题便是，若无贫困和罪恶，占优势地位的人口的增殖力便不会受到抑制。

接着，为了更加充分地证实这三个命题的正确性，马尔萨斯考察了人类迄今所经历过的各种不同的社会形态。

在原始社会，狩猎是主要的职业，也是获取食物的主要方式之一。由于生活资料分布零散，因此总体而言，人口也相应稀少。但若将范围缩小到某一地区则会发现，任何定居在土壤肥沃之地的居民，尽管一个家庭可能很少有超过 1 个或 2 个孩子能长大成人，但其人口增殖力依然大于生活资料的增长力，而且这种状况一旦发生便会持续下去。最后，食物的缺乏将狩猎民族的人口限定在稀少的水平上，除了一些局部和暂时的情况以外，所有野蛮民族都会感受到这种抑制。

虽然对游牧民族的风俗习惯了解甚少，但马尔萨斯坚信，游牧民族也难逃因生活资料匮乏而致贫的命运。与现代人不同的是，游牧民族的人不会担心未来的生活，也不会抑制人口的增长。这是因为，他们普遍希望通过迁徙和与之伴随的掠夺来改善物质匮乏的处境；贫困时，他们甚至可以将子女卖身为奴。在这样的社会中，经济状况的不平等很快就会出现，而且贫困必然会最沉重地落在最为不幸的、最脆弱的社会成员身上，其中，妇女最能体会到这种困难。

到了马尔萨斯生活的年代，大多数文明国家仍处于畜牧和农耕混合的状态，英国作为当时欧洲最繁荣的国家之一，为他撰写《人口原理》提供了非常恰当的例子，用马尔萨斯的原话来说就是，“对它的考察，只需稍加修改，便可适用于任何一个人口增长缓慢的国家”。

结合英国的情况，马尔萨斯提出了人口抑制的两种主要方式，即预防性抑制和积极性抑制。

所谓预防性抑制，或称道德性抑制，是指对养家糊口的忧虑。预防性抑制在某种程度上似乎影响着英国所有的社会阶层。即便一些社会地位很高的人，一想到成家后就必须节俭度日，必须放弃自己喜爱的快乐生活，便打消了结婚的念头。当然，这种担忧对上等社会阶层人士可能是微不足道的；但社会阶层越低下，这种对未来生活的忧虑就越强烈。因受制于这种黯淡的生活前景，英国很多下等社会阶层人士选择过独身生活。对婚姻的限制会产生十分明显的不良后果，使两性陷入无法摆脱的不幸之中。

所谓积极性抑制，是指已经开始增长的人口受到的抑制，是下等社会阶层人士实际面临的苦难，这些苦难使得他们无法给予子女应有的食物和照料。

马尔萨斯认为，要消除下等社会阶层的贫困是一项十分艰巨的工作，且根据人性的固有法则，要使他们完全摆脱食物匮乏的压力是绝对不可能的。英国的情况表明，被寄予厚望的《济贫法》也未能改善穷人的生活境况。虽然补贴可以增加穷人的收入，让他们因可获得教区救济而结婚生子，但供养他们的粮食产量却并没有相应增加。因此，从某种意义上说，是《济贫法》在生产它所救济的穷人。

在马尔萨斯看来，所有这些抑制因素都可以归结为贫困和罪恶两大类，但土地和食物的匮乏所带来的贫困——对人口增长的抑制作用远比战争、瘟疫、饥荒等罪恶因素大得多。因为即便是古老的国家也可以从战争、瘟疫、饥荒和自然灾害的破坏中迅速恢复过来。

从第八章起，马尔萨斯开始了与孔多塞、葛德文等人的论战。首先，马尔萨斯针对孔多塞关于人类精神进步的概述，否定了人口增长引起的困难是遥不可及的观点。马尔萨斯和孔多塞都认为，如果人口增长超过生活资料的增长，那么，其必然结果要么是幸福和人口持续减少，要么至少是在善恶之间摆动。不同的是，孔多塞认为，虽然这种摆动总有一天会到来，但到来的时期还很遥远。而马尔萨斯认为，人口相对于生活资料过剩的时期早已到来，而且导致这种摆动持续存在的原因，自从人类出现以来就已存在，除非人类的本性发生变化，否则还将永远存在。

紧接着，马尔萨斯利用动物繁殖和植物栽培的例子，反驳了孔多塞关于人类有机体的可完善性与人类寿命可以无限延长的推测。马尔萨斯认为孔多塞混淆了界限不能确定的局部改善和没有界限的进步，是在用界限不能划定的、局部的改善推论人类进步是无限的，其推理过程完全违背了哲学规范。

接下来，马尔萨斯将矛头指向葛德文，并用了 6 章的篇幅来反驳葛德文的观点。在第十章，马尔萨斯讨论了葛德文的平等制度，认为他将人类的一切罪恶归结于人类制度是错误的。马尔萨斯采用欲抑先扬的方式，首先毫不吝啬地赞美葛德文所提出的平等制度是迄今为止最为美好和令人向往的制度，并假设葛德文的平等制度可以实现，然后分析即便是在如此完美的社会形态下，人口原理所带来的贫困和罪恶也终将会压在人们身上。

在第十一章，马尔萨斯讨论了两性之间的情欲，否定了葛德文关于两性之间的情欲在未来将会消失的论断。实际上，马尔萨斯在全书的第一章就已经表达了自己的观点。他认为，两性之间的情欲是必然的，且将几乎保持现状，并把这一推测作为其论证的重要前提之一。

第十二章中讨论的观点实际上与前面驳斥孔多塞的观点雷同，但却采用了不同的论据和论证方式。马尔萨斯认为，根据人类可观察范围之内的恒久不变的自然法则，以及过去类似事件的预示，无法推测出人类寿命可以无限延长的结论。

在接下来的一章，马尔萨斯批判了葛德文把人类当作纯粹理性的动物的观点，在他看来，人类是一种复合生物，同时具有理性和肉体，而且情欲总是会干扰人类理智做出的决定。在这种情况下，惩罚无疑可以起到约束和警示的作用，通过把那些具有不良习惯而对社会有害的社会成员监禁起来，通过表达社会对某种罪行的看法，通过更加明显地把罪行与惩罚联系起来，可以维持一种道德动机以劝阻他人不要犯罪。

在接下来的两章，马尔萨斯对葛德文的论证过程以及在“贪婪与奢侈”一章中所提出的建议进行了反驳。葛德文的五个命题分别是：“正确的推理和真理，若能被充分地传达，则必将战胜谬误；正确的推理和真理是能够被充分地传达的；真理是无所不能的；人类的罪恶和道德上的弱点并不是不可战胜的；人是可以完善的，换言之，人是可以不断改善的。”

在马尔萨斯看来，虽然葛德文关于政治真理的五个命题是其《政治正义论》一书的核心，但这五个命题都是不成立的。他认为，葛德文提出的前三个命题可以被视为一个完整的三段论，但彼此之间却相互矛盾，且均不能成立；第四个命题实质上相当于前一个命题，只是叙述方式略有不同而已，因此必然也就和前一个命题一样不能成立；第五个命题则是前四个命题的一般推论，既然其基础已坍塌，它也就不可能成立了。

葛德文认为人类的一切罪恶皆源于当前的社会制度，因此，要改变穷人的生活状况，就必须废除财产制度、婚姻制度等引致不公平的社会制度，建立一种人人平等的社会。但马尔萨斯认为，虽然葛德文对于未来社会的构想十分美好，却并没有提出切实可行的方案；而且，如果以葛德文的平等制度作为未来社会发展的引领，则人民可能将处于更加痛苦和不幸的境地。

最后一部分是马尔萨斯对其观点的重申，他花了两章的篇幅完整论述了“人类的不可完善性”。很有意思的一点是，马尔萨斯在书中引用了大量中国的事实，在他眼里，中国是这个世界上最富裕、最繁荣的国家，但同时也是最贫穷、最悲惨的国家。它的每一亩土地都已被精耕细作了很长时间，土地的生产力很难有较大增长；而且，早婚的盛行会导致百姓更加贫困，饥荒、战争等一系列积极性抑制成为控制人口快速增长的主要方式。

四、学界评价

1798 年《人口原理》的问世，顿使马尔萨斯名扬天下，也为他带来了至今 200 多年的争议。他拥有达尔文、小威廉·皮特、普赖斯在内的众多追随者，也遭到马克思、恩格斯等人的批判。有人说他是古典经济学家的典范，也有人说他是庸俗经济学的代表。英国研究马尔萨斯的著名专家詹姆斯·博纳（James Bonar，1852—1941）在其《马尔萨斯及其著作》（*Malthus and His Works*）一书中写道：“马尔萨斯留下了无数人阅读而万人痛骂的著作”。不管评价如何，马尔萨斯终究以人口学家和政治经济学家的身份被载入史册。

在马尔萨斯以前，人口增加被普遍认为可以增加劳动力，促进经济发展。然而，马尔萨斯却认为，虽然人口增加可以促进总产量的增加，但它却更趋于减少人均产量，降低人民的幸福感。马尔萨斯的人口原理具有广泛的影响力，其政治观点迎合了当时的封建土地贵族，受到众多政治家、经济学家的追捧。他最知名的一个门徒是英国时任首相小威廉·皮特。1601 年，为缓解日益严重的贫困问题，英国颁布了《济贫法》，以教区为单位向没有工作能力的老弱病残者或孤儿提供援助；对于有劳动能力的贫困者，则要求其通过做工获得生活资料。1796 年，皮特决定修订《济贫法》，为多子女家庭增加援助——因为他认为，人口增长有利于国家财富的增加。他将社会成员分为两类，一类可以自己劳动挣得生活资料，另一类则通过增加人口使国家富足，对于后者，他们可以要求获得国家的救济。但《人口原理》问世以后，他很快就放弃了这一想法，并解释说是为了向那些持反对意见的人表示尊重。

1922年，一直称马尔萨斯为第一位剑桥经济学家的现代经济学家凯恩斯评论道："如果是马尔萨斯而不是李嘉图成为19世纪经济学的领头人，今天将是一个明智得多、富裕得多的世界！"进化论学家们将马尔萨斯的《人口原理》视为现代进化理论的基础。进化论的奠基者查尔斯·罗伯特·达尔文（Charles Robert Darwin，1809—1882）称马尔萨斯为"伟大的哲学家"，并称他的物种进化论是"马尔萨斯理论在没有人类智力干预的一个领域里的应用"。另一位因进化论而闻名的生物学家阿尔弗雷德·拉塞尔·华莱士（Alfred Russel Wallace，1823—1913）也称《人口原理》是"我所阅读过的最重要的书"。

20世纪50年代以来，主要粮食出口国的剩余粮食积累减少，扩大粮食生产的努力消失，而人口却呈现爆炸式的增长，世界粮食供应日益紧缺，粮食生产的增长跟不上快速增长的人口，"人类的饥馑问题无法消除"的观点广泛流行，"人口危机"的判断比马尔萨斯的人口过剩思想更让人担忧。此时，罗马俱乐部发布的报告《增长的极限》、美国社会学家赫茨勒等人发表的"人口爆炸论"等人口危机迫在眉睫的思潮十分流行，对世界人口的发展，尤其是发展中国家的人口增长带来了一定影响。

除了众多的追随者外，《人口原理》也遭遇了无数反对者的声音。对马尔萨斯批判最为深刻的当属卡尔·马克思（Karl Heinrich Marx，1818—1883）和弗里德里希·恩格斯（Friedrich Von Engels，1820—1895）。虽然马恩二人没有专门的人口学著作，但在《政治经济学批判》（*A Contribution to the Critique of Political Economy*，1859）、《资本论》（*Capital*，1867）、《剩余价值理论》（*Theories of Surplus Value*，1862）、《英国工人阶级状况》（*The Condition of the Working Class in England* ，1844）、《反杜林论》（*Herr Eugen Dühring's Revolution in Science*，1878）、《自然辩证法》（*Dialectics of Nature*，1883）、《家庭、私有制和国家的起源》（*The Origin of the Family, Private Property and the State*，1884）、《德意志意识形态》（*The German Ideology*，1845）等著作中，都涉及人口现象及人口问题。在他们看来，马尔萨斯忽视了社会生产方式对人口发展过程的决定性影响。人既有自然属性，

也有社会属性，是物质资料的再生产决定了人的再生产，过剩的人口以及随之而来的失业、贫困、罪恶都是资本主义经济制度的产物。恩格斯认为，马尔萨斯的理论“是现存最冷酷无情、最野蛮的理论，一个摧毁了爱人如己和世界公民等所有美好词汇的、绝望的理论体系”。

马尔萨斯的人口理论在清朝末期传入中国，时值半殖民地半封建社会的特殊时期。当时，中国社会由盛而衰，腐败的政治制度、持续的天灾人祸、深度的内忧外患、巨量的人口规模，使得大量民众流离失所，日子穷困艰难。因此，《人口原理》引入中国后，马上受到了统治阶级广泛的政治宣传，以及知识分子的大肆吹捧。其间，虽然也有李大钊、陈独秀等马克思主义者的严厉批判，但其影响较小。中华人民共和国成立初期，“人手论”的思想占据重要位置，马尔萨斯的人口理论几乎遭到学界的全面否定。直到20世纪70年代后期，学界才又重新审视马尔萨斯及其人口理论。

总体而言，中国关于马尔萨斯及其理论的研究从未停止，大致经历了三个发展阶段：第一阶段是清朝末期至民国时期，中国学界对马尔萨斯及其观点褒贬参半；第二阶段是1949年后的30年，由于政治、经济、社会等原因，马尔萨斯的人口理论在中国几乎处于被全盘否定的状态；第三阶段是改革开放以后，中国的人口情势和经济社会的迅速发展，使得马尔萨斯的人口观也受到客观辩证的对待。

1880年，美国传教士丁韪良和中国人汪凤藻在译著《富国策》中介绍了《人口原理》(当时被翻译为《民数论》)，马尔萨斯的人口理论由此逐渐被国人熟知。20世纪初，严复接受了马尔萨斯的人口思想，并在其译著《天演论》以及在《国闻报》上发表的“保种余义”中有明显体现。1918年，陈长蘅出版了《中国人口论》，随后又出版了《进化之真相》(1919)、《三民主义与人口政策》(1930)，他认为经济问题归根结底是人口问题，应该采取措施控制人口增长，保持适度人口。1930年和1934年，许仕廉相继出版了《中国人口问题》和《人口论纲要》，主张人口问题是中国社会、经济、政治问题的基础，认为要解决中国的人口问题，必须将马尔萨斯的人口理论与孙中山的三民主义融合起来，高度评价了马尔萨斯人口论的适用性。

同期，我国大批共产主义者对马尔萨斯的观点予以了否定。1917 年，李大钊发表《战争与人口问题》《战争与人口》等论文，批评了马尔萨斯“战争源于人口过庶”的观点。1920 年，陈独秀发表《马尔塞斯①人口论与中国人口问题》，通过回顾中国人口增长的事实，驳斥了马尔萨斯关于人口增长速度的观点：马尔萨斯认为，人口“每 25 年必定增加 1 倍”，而中国三千年间人口不过增加 20 倍。李陈二人是坚定的马克思主义者，主张通过改革社会制度而不是仅靠人口控制来解决当时的贫困和失业问题。

中华人民共和国成立后，马尔萨斯的控制人口论遭到全面否定。这一时期，增殖人口论的观点独领风骚，虽然偶有学者认识到人口过快增长的弊端，主张控制人口。1955 年，马寅初发表《控制人口与科学研究》一文，认为中国当时的人口增长率过高，如果以此发展下去，将面临非常严重的粮食问题，遂提倡节育以控制人口。1957 年，马寅初再次发表了“控制人口”的主张，认为控制人口、实行计划生育是计划经济的一部分，积极倡导计划生育。虽然马寅初的人口观点不同于马尔萨斯，但同样遭到了否定。

改革开放以后，一大批学者开始讨论人口原理中的合理成分，并把马尔萨斯的人口理论和我国计划生育联系起来，提出要重新评价马尔萨斯理论、吸取其合理因素的观点。1980 年，王声多发表的《不应全盘否定马尔萨斯人口论》、朱曰强发表的《关于马尔萨斯人口论的合理成分》、杨中新和左长青发表的《谈马尔萨斯人口原理中的合理因素》、顾耀德发表的《应该一分为二看待马尔萨斯人口论》等文章先后从不同角度对马尔萨斯的人口理论进行了重新评价，由此，马尔萨斯的人口理论在中国开始复苏。2016 年 5 月，习近平总书记在哲学社会科学工作座谈会上的讲话中提及马尔萨斯及其《人口原理》一书，指出“它是思考和研究当时当地社会突出矛盾和问题的结果”，肯定了其历史地位。

近年来，关于马尔萨斯人口理论最为著名的著作当属李中清和王丰二人合著的《人类的四分之一——马尔萨斯的神话和中国的现实》。在该书中，他们结合中国历史和大量现实数据，对马尔萨斯的观点进行了全面、深刻的剖

① 即马尔萨斯。——译者注。

析。他们并不认同马尔萨斯所描绘的中国人口情景，认为马尔萨斯缺乏对中国人口实际情况的研究，仅仅以西方的人口事实来臆断中国的人口状况，是错误的，完全不符合中国的事实，基于相关数据资料，二人从生存、死亡、婚姻和生育的角度，“戳破”了马尔萨斯的神话。

从生存来看，马尔萨斯认为中国面临严重的饥荒，下等阶层人民习惯于靠尽可能少的食物生存，而李中清和王丰利用粮食产量、粮食消费和平均预期寿命三方面的数据，对马尔萨斯的观点进行了反驳。他们指出，尽管中国人口从 18 世纪到 20 世纪增长了 6 倍，但人均粮食产量在过去 300 年没有下降；虽然耕地有所减少，但产量却保持稳定，在一些地方甚至有所增加。中国人的营养水平从 20 世纪初就开始有所提高。按照马尔萨斯关于人口增长与贫困的论述，19 世纪和 20 世纪初中国人口的增长，会导致高死亡率和频繁的饥荒，而事实上，这一时期的死亡率不仅并未上升，而且在 20 世纪初期的一些城市和农村地区，死亡率持续下降。

李王二人认为，在中国，死亡对人口的特殊影响并不是通过饥荒或流行病，而是通过个人的积极干预实现的。中国死亡模式的高度差异性，不仅取决于生物学因素，也取决于人为的选择。在这些选择中，最明显和最普遍的是一种原始的对女儿的歧视。在中国，女婴的死亡率比马尔萨斯推测的要高得多，远远超过了疾病和饥荒给人口带来的损失。

从婚姻来看，马尔萨斯认为，中国的早婚和普遍结婚现象使得已婚者的生育率很高，这是中国人口增长以及人们生活水平不断降低的根源。然而，李王二人认为，中国的现实是婚姻的多样性，其中包括收继婚和童养媳之类的婚姻的变形，以及婚姻市场的性别差异在一定程度上抑制了人口的快速增长。加之中国人的婚姻带有很强的高攀目的（至少对女性来说是如此），增加了结婚的困难程度。

从生育来看，与马尔萨斯及其同时代学者的观点相反，中国的总体生育率并不比欧洲生育率高多少，而已婚生育率却要低得多。晚生、早停和生育间隔长的现实，对马尔萨斯认为的在生育率转变之前，中国几乎不存在对婚内生育的主动控制予以了“有力”抨击。

最后，二人总结出了中国的人口体系，即已婚生育率低、死亡率适中、溺杀女婴的比例较高以及由此引起常见的男子独身现象，并将中国的人口体系进一步区分为两种不同的模式。内在性抑制模式描述了溺婴、男性独身、非真实亲属关系和婚姻抑制四个要素之间的相互关系。外在性压力模式描述了人口体系在受到来自气候、经济或流行病等短期外在性压力时其间的相互关系。

不论是对人口增长的看法，还是对马尔萨斯及其人口论的评价，都呈现出明显的时代性、多样性，由此，我们不能简单地用现在的眼光去完全评判前人及其观点，而应结合当时的历史情境、学者的社会背景等一系列同样具有时代性的信息加以研判，客观、辩证地分析和评价。

五、译者评价

显然，我们不能因为马尔萨斯人口过剩的观点，便把他定位为铁石心肠、憎恨穷人的人。在序言中，马尔萨斯就承认，“如果本书能引起更多才华横溢之人关注我所认为的影响社会改善的主要障碍，并逐渐消减这些障碍的话——哪怕仅仅是理论上的消减——我都将欣然收回现在的观点并承认自己的错误”，而且认为“既然按照自然法则，人口的增长总要受到某种抑制，那么，与其鼓励人口增长，然后让食物匮乏和疾病对此加以抑制，不如从一开始就让对自己养家糊口的担忧和对自己丧失自立能力而陷入贫困的担忧来加以抑制”。这一方面凸显了马尔萨斯对自己理论的信心，一方面也表达了他对穷人的同情，以及对未来社会能够不断进步的希冀。但是，《人口原理》作为时代的产物，必然有其历史的局限性，加之马尔萨斯极力为土地贵族辩护，必然会忽视现代技术进步和社会生产力发展对人口增长的积极影响。

首先，两种增长模式是否正确？书中处处可见马尔萨斯关于人口按照几何级数增长、食物按照算术级数增长的论点，但仅仅把人口和食物以数字的形式做比较，忽略其背后的社会性，显然是错误的，而且增长模式是否接近实际也有待检验。

其一，粮食并非按照算术级数的模式增长，而且仍在持续增加。从中国近几十年的数据来看，粮食产量的波动较大，但整体呈不断增长的趋势，其增长极限还未达到。显然，马尔萨斯没能预见到技术革命对粮食增长的作用。

其二，人口并未按照指数增长，而且增长幅度愈来愈小。时下，中国人依旧普婚普育，而且相对日本、韩国、美国而言，属于早婚早育。如果按照马尔萨斯的推论，则中国必将处于人口急速增长时期，但现实是中国的人口增长率不断降低，总和生育率早已跌到更替水平以下，虽然全面两孩政策已放开了两年有余，但出生人口并未出现明显的反弹。其三，随着全球气候变暖、农业用水减少、耕地面积减少，粮食安全成为一个全球性话题，受到国际社会的广泛关注。虽然根据联合国的数据，目前全球粮食危机并未解除，甚至从某些指标来看有恶化的趋势，但整体而言，人口与粮食的关系有所好转。在 2009 年，全球每天忍受饥饿的人数超过 10 亿，到 2015 年，全球仍然遭受饥饿的人口下降到 7.95 亿，2016 年，食物不足人口数略有回升，达到 8.15 亿。实际上，目前的粮食问题主要是分配不均而非总量不足。

其次，三个命题是否合理？古语有云，“食色性也”。人要活着就必须吃饭，离开了生活资料就无法生存；人类要繁衍后代，就要结婚生子，这是没有任何异议的。但是，马尔萨斯只在反复说明这些众所周知的事情，而对人类怎样生存、生产，怎样交往，怎样分配生活资料，以及在不同的社会制度下如何繁衍后代未做任何说明。他只看到了人的生物属性，却没有看到人类的社会属性，正如他批判葛德文只把人类当作纯粹理性的动物一样。既然人生活在社会之中，就必然会受到当时的社会生产力和生产方式的影响与制约。离开了这一点来谈论两个基本前提和三个命题，其价值就大大削弱了。

在第三个命题中，马尔萨斯主张从人口的角度，通过贫困和罪恶恢复人口和生活资料之间的平衡关系，而对发展生活资料不予理睬。他以假定生产力和技术水平不变为前提，假定食物只能按照算术级数增长，完全忽视了社会生产力的发展和科学技术在粮食生产中的作用。但是，这或许就像马尔萨斯本人所说的那样，“我们不能指望几乎完全不知道机械力的人去猜测机械力的作用”，我们又如何苛求他能大胆推测生产技术会取得飞跃的进步呢？毕竟他是那样“保守”的人啊！

马尔萨斯还忽略了现代避孕和人工流产技术对于生育控制的作用，它们使得情欲和生育发生分离，性交并不一定带来生育，人们可以自主控制生或不生，从而在情欲不变甚至更加旺盛的情况下，人口也不会出现他所认为的快速增加。避孕和流产并不是新鲜词，在古今中外的历史文献中都能找到。我国古代就有各式各样的避孕方法，传统中医发明了一系列用以避孕的中草药和流产技术，如麝香、藏红花等。随着医疗技术的进步，以及避孕套、结扎手术、宫内节育器、避孕药的发明和兴起，从生理上讲，人类几乎可以完全控制生育，意外受孕的概率很小。或许是曾经牧师的身份，限制了他主张节育的思想。

最后，道德抑制的动机已经发生变化。马尔萨斯认为，人们是因为对未来的担忧而推迟结婚或不婚，忽视了他们为实现向上层社会流动的动机；为此，人们推迟婚育以至最后终身不育。这已成为今天的普遍现象，尤其是在城市、大城市地区。

1890年，法国社会学家、哲学家阿森·杜蒙特（Arsene Dumont，1849—1902）针对法国当时出生率下降、人口发展停滞的现象，提出了社会毛细管论。所谓“社会毛细管”现象，是指就像油灯里面的油因为毛细管的作用会顺着灯芯不断向上一样，社会成员也会被提高社会地位和改善经济地位的普遍欲望所驱使，向更高的社会阶层流动。而要使这种欲望得以实现，就需要减少生育负担，从而减轻向上发展的阻力，更快速地向上流动。显然，这与马尔萨斯的人口理论不同，在马尔萨斯设想的情境中，人们减少生育是被动的选择，情绪是消极的；而在杜蒙特的理论中，控制生育是积极主动的，这或许与当时的社会结构和政治形态有关，因为流动的前提必须是可流动，即有向上流动的机会。

到底是上层阶级还是下层阶级更容易受到预防性抑制的影响？在马尔萨斯看来，虽然一些社会地位很高的人会因为担心日后的生活而选择不婚或晚婚，但总体而言，这种担忧对他们婚育行为的影响可能是微不足道的。对社会下层人民则不然，社会阶层越低下，这种对未来生活的忧虑就越强烈，对其婚育行为的影响也就越明显。但是，有研究表明，事实并非如此。越是上等社会之人，越可能致力于个人发展和自身幸福，由此必然减弱结婚生子的欲望和精力。而且，从节育思想的推广来看，富裕的上等阶层也是最先接受节育思想的，最后才逐渐扩散到贫困阶层。

总体而言，马尔萨斯的人口理论充满了悲观主义色彩，只看到了人口增长对社会发展的消极影响，忽视了人的社会性与能动性。正如社会学家迪尔凯姆所认为的那样，不是人类对幸福的追求，而是人口增长导致的生存竞争提高了社会的集约化程度和专门化程度，导致了社会复杂性的增长，从而促进社会的发展。他强调，人口密度的增加和争夺稀有资源的竞争是工业化和社会分工发展的重要前提，而劳动分工不仅减少了人口对资源的直接竞争，还增强了社会对人口规模扩大的适应能力，为人口的持续增长提供了可能。因此，应该客观评价“人口论”与“人手论”的关系，既要看到人作为消费者的角色，也应看到人作为供给者的角色。

显然，在客观地看待马尔萨斯的人口思想的同时，更应该结合现实人口问题，把从中得到的启发应用于实际，重视人口与资源、环境以及其他经济社会条件的协调和可持续发展，为政府制定人口政策和人口发展规划提供有价值和科学的参考。

以上是对马尔萨斯人口理论及其相关背景的简要介绍，后文是其详细观点和论证过程，还请读者细细品味、评判。翻译不当之处，请批评指正。

序

本书的创作源于一次与朋友的谈话。我们谈论了葛德文先生在《研究者》一书中关于“贪婪与奢侈”的论述，也讨论了“未来社会的改善”这个一般性问题。之所以坐下来缀句成文，仅仅是因为，我觉得文章比交谈更能清晰地向朋友传递我的观点和想法。但是，当题目一旦展开，脑海里便不断涌现出一些从未有过的想法。因为意识到这些话题都是大家非常感兴趣的问题，即便是最微不足道的见解，可能也会受到真诚的对待，故而决定将这些想法整理成文，以馈读者。

毫无疑问，如果能收集更多事实来阐明主旨，本书将会更加完善。但是，由于琐事缠身，我有很长一段时间几乎完全中断了本书的写作，加之不愿太过推迟原计划的出版日期（这么做也许是不慎重的），致使我未能专心从事研究。不过，就目前所引证的事实来看，我认为已足以证明我对“未来社会的改善”这个一般性问题的观点是正确的。这些想法已经过深思熟虑，故我认为，目前只需做一些简单、清晰的陈述，并辅之以一些事实来加以论证即可。

很多作者都注意到这样一个显而易见的事实，即人口数量总是被控制在生活资料所能维持的水平；但据我所知，目前还没有哪一个作者专门研究过这种水平是如何形成的，而这正是影响未来社会进一步改善的最大障碍。希望在研究这个令人感兴趣的问题时，激励我的仅仅是对真理的热爱，而非对任何某个特定人群或观点的偏见。我承认，我已阅读了一些关于未来社会改善的著作，但这并不代表我想否定它们，认为它们是凭空臆猜的产物。而且，鉴于我所拥有的理解能力，我不能在没有证据的情况下，相信我所希望的；也不能在有证据的情况下，否认我所不乐意的。

我对人类生活的看法具有忧郁色彩，那是因为我确信现实世界中本就存在这样的色彩，而非因我的偏见或我生性忧郁。本书最后两章有关人类精神的理论以令人满意的方式阐释了我的观点，说明了为什么生活中会有那么多的罪恶，但是否别人也这么认为，就留给读者自己来判断了。

如果本书能引起更多才华横溢之人关注我所认为的影响社会改善的主要障碍，并逐渐消减这些障碍的话——哪怕仅仅是理论上的消减——我都将欣然收回现在的观点并承认自己的错误。

1798 年 6 月 7 日

目录

第一章　概　要

问题的提出——由于双方分歧严重，问题得到解决的前景十分渺茫——关于人类和社会可完善性的主要争论从未得到令人满意的解答——源自人口带来的困难——概述本书的主要论点

近年来，自然哲学领域出乎意料的伟大发现层出不穷；印刷术的推广加速了普通知识的传播；充满激情且不受约束的探索精神在知识界和非知识界均十分普遍；新颖而独特的政治主张令人眼花缭乱、瞠目结舌；特别是政治领域中的重大事件——法国大革命，宛若一颗熊熊燃烧的彗星，或给地球上畏缩不前的人类注入新的生机与活力，或将他们烧尽摧毁。所有这些都让许多有识之士认为，我们正处于一个充满了重大变革的历史时期，且这些变革在某种程度上决定着人类未来的命运。

有人认为，现在争论的主要焦点在于，此后的人类究竟是以加速度不断前进且前程远大不可限量，还是注定将永远在幸福与不幸之间徘徊往复，即便穷尽一切努力，预期的目标也遥不可及？

然而，尽管每个关心人类未来命运之人都热切希望结束这种悬而未决的争论，尽管勤于探索之人都渴望得到任何有助于洞悉未来的见解，但令人十分遗憾的是，这一重大问题的争论双方彼此冷眼相待，各执一词。他们从未真诚地探讨对方的观点，难以达成一致的意见，更不用说在理论上达成共

识了。

现有秩序的拥护者往往认为，思辨哲学家们是一群玩弄阴谋诡计的无赖。他们或鼓吹乐善好施，描绘迷人的社会愿景，目的在于更有效地摧毁现存制度，实现不可告人的野心；他们或是一群头脑发疯的狂热分子，其愚蠢的想法和荒谬的论断不值得任何有理性的人给予真正的关注。

反过来，思辨哲学家们倡导人类和社会的可完善性，并以轻蔑的言词反击现有秩序的拥护者，斥责他们是最卑鄙、最狭隘的偏见的奴隶，因是现有制度的受益者而成为文明社会弊端的拥护者。他们将现有秩序的拥护者描述成或是因一己私利而出卖良知的人，或是无法理解任何伟大而高尚事物的白痴，目光短浅，完全容不得开明人士的见解。

争论的双方充满敌意并固执己见，忽视对方真正良好的论点，不愿吸纳彼此的优长以改进和提升自己。真理也因此而受到损害。

现有秩序的拥护者不分青红皂白地谴责一切政治思辨，不愿屈尊检验用以推断社会可完善性的依据。更不用说让他们花费力气，以公平、公正的方式检视自身的谬误之处。

思辨哲学家们同样违背了真理。他们的双眼只盯着更幸福的社会，用最迷人的色彩描绘这种社会带来的恩典；他们沉溺于用最恶毒的语言谩骂一切现有制度，而不是将聪明才智用于思考如何以最有效、最安全的方法铲除社会弊端；他们似乎也没有意识到，即便在理论上，他们的观点也存在巨大漏洞，阻碍着人类向自我完善的境界迈进。

哲学上有一条公认的真理，即正确的理论必须由实验来证明。然而，实际中存在许许多多的阻力，也存在许许多多细枝末节之事，这些连知识最广博、最富洞察力的人都几乎无法预见。因此，在极少数情况下，未经检验的理论也可以宣称是正确的，但其前提条件是，所有反对的论点都经过深思熟虑，且被清晰而彻底地否定。

我曾满怀欣喜地阅读过一些有关人类和社会可完善性的著作。这些著作所描绘的迷人图景使我颇感温暖和愉悦。我热切期盼，这种能改善人类福祉的前景尽快实现。但是，据我所知，改善的过程中充满了巨大而不可克服的困难。本书的目的就是论述这些困难。同时，需要指出的是，虽然这些困难是击败革新派的因素之一，但我并不因此而感到高兴；相反，若能看到这些困难被完全消除，我将感到无比快乐。

我将提出的最重要的论点，的确不是什么新的观点。它所依据的原理，一部分已被大卫·休谟[①]解释过，特别是亚当·斯密博士更是做了详尽说明。华莱士先生也曾提出过这一论点，并将它应用于我们现在讨论的问题，尽管应用得并非十分恰当，也不具有足够的说服力。此外，也许还有许多我未曾听闻的作者也曾提出过这个论点。因此，如果有人已经相当令人满意地回答了这一论点，那么我当然不会再次提及它，即便是以不同于迄今为止我所见到的任何方式。

人类可完善性的拥护者为何会忽略这一论点，其原因令人费解。我不怀疑像葛德文和孔多塞这类人士的才智，也不愿质疑他们的真诚。就我和大多数人看来，这一困难是不可克服的。然而，这些才华卓著和洞察力超群的人对它却几乎不屑一顾，而只是执着于自己的观点。我自然无权批评他们是故意紧闭双眼，对此视而不见；相反，当这些有识之士忽视这些困难时，我应该怀疑这些可能是否真实地存在，无论它们的真实性曾给我留下多深的印象。但是，必须承认的是，我们都很容易犯错误。当看到有人频频向另一个人敬酒，而后者熟视无睹，我很可能会认为后者是盲人或太没礼貌。然而，更为公正的哲学却告诫我，宁可相信是眼睛欺骗了自己，因为前者可能其实并不存在我所设想的敬酒的意图。

在论证我的观点之前，我必须郑重声明，我已排除所有纯粹的假设，即那些无法根据正确的哲学基础推论出的假设。如某个作者告诉我，人类最终将变成鸵鸟，我对此虽然难以提出恰当的反驳，但要任何有理智的人赞同这一观点也很难，除非此人能证明人类的脖子在逐渐变长，嘴唇在逐渐变硬且逐渐向前凸出，腿和脚的形状日益改变，头发也开始变成毛管。在证明人类有可能发生如此奇妙的变化之前，便阐述人类在变成鸵鸟之后的幸福，具备

① 大卫·休谟（David Hume，1711—1776）是苏格兰的不可知论哲学家、经济学家和历史学家，他被视为苏格兰启蒙运动以及西方哲学历史上最重要的人物之一。

向前奔跑和向上飞行的能力，描述彼时的人类将藐视一切低档奢侈品，只需采集生活必需品，因而每个人的劳动量都很小，闲暇时间都很充裕，这肯定是在浪费时间、白费口舌。

我认为，可以合理地提出两条公理。

第一，食物是人类生存所必需的。

第二，两性间的情欲是必然的，且将几乎保持现状。

自我们对人类世界有所了解以来，这两条法则似乎就一直是关于人类本性的不变法则。既然到目前为止，它们都未曾发生任何改变，我们也就无权推论它们将来一定会发生改变，除非最初安排宇宙秩序的神采取直接的干预。但是，迄今为止，为了其创造物的利益，神仍然按照既定法则操纵着一切。

我不知道，是否有哪位作者曾设想过，地球上的人类终将能够不依靠食物而生存，但我知道葛德文先生曾推测，两性间的情欲有一天终将消失。不过，既然他声称著作的这一部分已属猜想，那么我将不再对此多加评论。我只是想说，支持人类可完善性的最佳论据是人类摆脱野蛮状态以来取得的长足进步，以及判定这种进步将止于何处的困难；而在消除两性间情欲方面，迄今尚未取得任何进展。今日的两性间的情欲依旧与两千年或四千年前的一样强烈。当然，个别的例外始终存在，但其数量并未增长。如果仅仅因为例外的存在就推断说例外终将变成规则，规则终将变成例外，这显然不符合哲学规范的论证方式。

读者若接受我提出的这两条公理，那么我便可以说，人口的无限增殖力大于土地为人类提供生产生活资料的能力。

人口若不加抑制，将按照几何级数增长，而生活资料仅以算术级数增长。凡懂得一点算术的人都知道，与后者相比，前者的力量该有多么巨大。

基于食物为人类生存之根本这一有关人类本性的法则，上述两种不相等的增长必须保持相等。

这意味着，获取生活资料的困难将会持续不断地对人口施加强有力的抑制作用。而且，这种困难必定会在某地发生，且相当大一部分人必然也会深受它的影响。

在整个动物界和植物界，大自然极其慷慨地播撒着生命的种子，但在给予生命种子所必需的空间和营养方面却相对吝啬。如果有充足的食物和空间，地球上这些生命的种子将在短短数千年后挤满数百万个地球。但贫困，这一专横而又无处不在的自然法则，将它们限制在规定范围之内。植物界和动物界都受制于这一伟大的限制性法则，人类也不例外。在植物界和动物界，自然法则表现为种子不发芽、疾病和夭折；在人类社会，则表现为苦难和罪恶。前者（即苦难）可能是贫困带来的绝对必然结果。一方面，罪恶可能与贫困有关，故罪恶随处可见；但另一方面，它或许并非贫困的绝对必然结果，因可通过美德的磨炼抵御一切罪恶的诱惑。

人口的增殖力和土地的生产力天然地就不相匹配，而食物为人类生存之本这一伟大法则必须不断使这两者保持一致，这便形成了社会自我完善过程中不可克服的巨大困难。与此相比，所有其他困难都显得次要和微不足道。这一法则制约着整个生物界，而且我看不出人类能有什么办法逃出该法则的重压。任何空想出来的平等的、大规模的土地调整，都不可能消除这种压力，哪怕仅仅消除 100 年也不可能。所以，无论如何也不会存在这样的社会，即所有社会成员都过着舒适、快乐、相对悠闲的生活，不必为自己和家庭成员的生活而担忧。

因此，如果我们的前提是正确的，那么，得出的结论必然是，否定人类和社会的可完善性。

以上便是本书论点的概要，后面我还会加以具体和详细的检讨。我想，作为一切知识真正源泉和基础的经验，也必将证实该论点是正确的。

本章导读

“饮食男女，人之大欲存焉”（《礼记·礼运》）。早于马尔萨斯 2 000 多年前，孔子就阐释了对人生形而下而非形而上的认识。100 多年后，在与孟子进行辩论时，告子直接提出了“食、色，性也”的命题（《孟子·告子上》）。凡是人的生命，都离不开饮食和性爱这两件大事。食物直接事关个体（当然也是人类）的生息，属于基本民生问题；而性欲则决定着人类的繁衍，也属康乐，人类的生息繁衍，都由此而决定。

我们不知道马尔萨斯是否读过《礼记》《孟子》，但在《人口原理》的开篇，马尔萨斯就明确提出了与此相关的两条公理，即：（1）食物是人类生存之根本；（2）情欲是两性关系之必然，且亘古不变。我们相信，先哲们对此是有共识的。在马尔萨斯看来，食与色，也是人类社会的铁律。人的情欲与生俱来，有情欲就会有性欲，进而就会有孕育，再进而就必然会带来生育，最后不可避免地带来人口的增长。

人口增长必然带来一系列的经济社会后果。概论还间接铺垫了一些最核心、最基础的论点。他关于人口的几何级数增长、食物的算术级数增长以及二者之间关系这一命题的提出，对后世的影响甚大，在某种程度上左右了200余年所有涉及人地关系的讨论。这两条公理和两类增长模式是全书的基本立论，贯穿全书。一方面，因为地球上似乎还没有任何人不需要食物便可存续与繁衍，且地球上绝大多数人都会有情欲，另一方面，也因为食物增长的速度总会慢于人口增长的速度，这对矛盾几乎具有不可调和性；而这一快一慢，就必然带来未来人类社会进一步改进的矛盾和困境。

对于这一对不可避免且难以调和的矛盾，迄今为止却无有效的应对之策。马尔萨斯生活的年代，是资本主义快速发展的时期，一切似乎都向上发展，未来充满了一切可能，人们对未来人类自身和社会的发展都充满了期待。在这样的大好形势下，马尔萨斯却在本章的开篇，给读者抛出了一个至今仍然值得深思和反省的重要问题：人类社会将会何去何从？将会快速前行还是徘徊困顿呢？他将人分为两个阵营：现有秩序的拥护者和思辨哲学家。在他看来，二者彼此对立、各执一端，缺乏宽容的精神，而这既不会解决食物与人口繁殖之间的矛盾，甚至也不会对问题的解决提供有价值的参考。

马尔萨斯在《人口原理》第一章中，对有关人类和社会可完善的理论所描绘的诱人图景，表示“颇感温暖和愉悦”，并说他“热望能实现这种给人带来幸福的改良”。从逻辑上说，马尔萨斯并不主张采用罪恶和贫困的办法，但是他确信根据自然法则，“改良的途中有一些巨大而不可克服的困难”，并由此而认为社会不可完善，贫困和罪恶不可能被根除。

那么，好吧，两类不同的增长模式能否成立？它给不同阶层的人尤其是贫苦的人究竟会带来怎样的影响？我们来听听马尔萨斯是怎么说的。

第二章

人口的增长与食物的增长具有不同的速度——这两种不同增长比率带来的必然结果——下等社会阶层生活状况的频繁摆动——这种摆动为何看起来不像预期的那么明显——本书基本观点所依据的三个命题——根据这三个命题来考察迄今为止人类所经历的各种不同状态

现在，我们来检验人口繁殖快于食物增长这一观点的正确性。我想，大家都会认同的一点是，至少就有文字记载的国家而言，迄今尚未有任何一个国家的民风如此淳朴、生活资料如此充裕，以至早婚不受任何限制，下等阶层不必担心家庭生活资料的不足，上等阶层无须担心生活水平的下降。换言之，在我们所知的国家中，还没有哪个国家的人口增殖力得以完全自由且充分地发挥出来。

无论是否存在婚姻法，在人类本性与道德法律的双重驱使下，男人似乎总是会早早地爱上一个女人。择偶不成功时，他们有重新选择的自由；只要这种自由并非毫无节制、极不道德，就不会影响人口的增长；而且，我们现在假设，存在一个几乎没有人知道罪恶为何物的社会。

因此，如果一个国家人人平等，道德高尚，民风淳朴，生活资料充足，人们无须为家用不足而担忧，人口可不加抑制地增长，则该国的人口增长速度会大大超过我们迄今所知的任何国家的人口增长速度。

与欧洲任一近代国家相比，美国的生活资料一直较为充裕，民风较为淳朴，故对早婚的限制较少，人口每 25 年就翻一番。

这一增长率，虽然未达到人口的最高增殖力，但作为实际观测的结果，我们暂且把它作为一条规则，即如果人口未受抑制，将会每 25 年翻一番，或者说将按照几何级数增长。

现在，我们以本岛国①为例，考察地球上任何一个地方的生活资料是以何种方式增长的。首先，我们观察英国在现有耕作状态下的情况。

如果通过实施更好的政策，开垦更多的土地，鼓励更大规模的农业耕作，就可以使该国的产量在第一个 25 年里翻一番，那么我想，这将是任何人所能做出的最乐观的假设了。

但是，在第二个 25 年里，就不可能假设产量会达到原来的 4 倍，因为这种假设与我们对土地的认识相悖。我们所能设想的最大增幅是，第二个 25 年的增长量或许与原产量相等。这显然与实际情况也相距甚远，但我们暂且把它作为一条规则，即假设通过最大的努力，以最初的产量为基准，本岛国的粮食产量每 25 年将增加一倍。即便最狂热的思辨家，恐怕也不能假设比这更高的增长量了。如果以这样的速度增长，要不了几个世纪，就会把本岛国的每一英亩土地耕作得像菜园一般。

但是，很显然，这是按照算术级数的增长模式。

也就是说，生活资料是按照算术级数增长的。现在，我们把两种增长的结果放在一起来进行综合考察。

据统计，本岛国的人口约为 700 万，假设现有生活资料的产量刚好能养活这些人。在第一个 25 年，人口增长到 1 400 万，食物也增长一倍，生活资料仍能养活所有人。在第二个 25 年，人口增长到 2 800 万，而生活资料只能养活 2 100 万人。在第三个 25 年，人口增长到 5 600 万，而生活资料仅能养活一半的人口。在第一个一百年结束时，人口将增长到 11 200 万，而生活资料仅仅能养活 3 500 万人，余下的 7 700 万人口将得不到任何生活资料。

① 这里的“岛国”即指英国。

如果某个国家有大量人口移居国外，则必然意味着这个国家发生了某种不幸的事情。因为除非该国使人实在不能安居乐业，或迁入国有极大的好处，否则很少有人会背井离乡，远离自己的家人、亲戚、朋友，到异国他乡定居。

但是，为了使我们的论点更具有普遍性，并较少受到移民现象的影响，让我们来考察全世界而不是某个地区的情况，并假设人口增长所受的抑制因素已经完全消除。假设地球为人类提供的生活资料每 25 年会增长一定数量，且增长量等于目前全世界的产量，这样的假设无异于承认土地的生产力是绝对无限的，而且这一增长率远远高于我们所能想象的人类通过所有努力使生活资料能够达到的增长率。

设世界人口为任一数目，如 10 亿，则人口将按照 1、2、4、8、16、32、64、128、256、512 这样的比率增长，而生活资料将按照 1、2、3、4、5、6、7、8、9、10 这样的比率增长。225 年后，人口与生活资料之比将为 512∶10；300 年后，人口与生活资料之比将为 4 096∶13；2 000 年后，人口与生活资料之间的差距将大得几乎无法计算，尽管那时生活资料已增至极高的水平。

如果不对土地的产出加以任何限制，则土地的产量会不断增长，超过人们所能确定的任何数量。然而，人口的增殖力仍然占据着优势。要使人口的增长和生活资料的增长保持一致，只能依靠强有力的自然法则不断发挥作用，从而抑制更加强大的人口增殖力。

下面我们来考察这种抑制所起的作用。

植物和动物的情况很简单。强大的本能驱使它们繁衍后代，且这种本能既不受理性的约束，也不会因为担心后代的生活而受到妨碍，故繁殖力得以充分发挥。但是，因空间和营养的缺乏，无论是动物界还是植物界，其生殖力都会受到自然抑制；在动物界中，相互蚕食也是一种抑制方式。

就人类而言，对繁殖力的抑制较为复杂。人类同样受到强大的本能驱使而繁衍后代，但却会受到理性的束缚；他们会思考这个问题：若无力供养子女，是否可以终止生育？在平等状态下，问题也许就是这么简单。但是，在目前的社会状态下，人们还需要考虑另一些问题。譬如，如果生育子女，自己的生活质量是否会随之降低？是否会遭受比现在更多的困难？是否会被迫更卖力地工作？如果子女成群，哪怕自己尽最大努力，子女是否还是食不果腹、衣不蔽体？是否会眼看着子女受冻挨饿而无能为力？是否会陷入不能自食其力的贫困境地而不得不乞求于他人的施舍？

在所有的文明国度，上述考量都可能阻止且实际上也阻止了许多人遵从早婚的自然法则。即使不是绝对如此，这种限制也几乎必然会产生罪恶。然而，在所有社会，甚至在最放纵、最邪恶的社会，在道德允许的范围内爱上一个女子的倾向总是如此强烈，以致人口不断增长；而人口的不断增长反过来将下等社会阶层之人推入贫困的深渊，并难以实现向上等阶层的流动。

产生这些结果的过程可能是这样的。假设某个国家的生活资料刚好可满足该国居民过上安乐的生活。即便在最放纵、最邪恶的社会，也可见到人们不断努力，促进人口增长，进而使人口的增长速度超过生活资料的增长速度。其后果是，以前可养活 700 万人的食物，现在必须在 750 万人或 800 万人中进行分配。社会分配的不公，必然会进一步恶化穷人的生活状况，使其中的许多人陷入极为悲惨的境地。由于劳动者的人数多于市场所能提供的工作机会，劳动力的价格必然降低，而此时食物的价格则可能上涨。所以，劳动者若想挣得和以前相同的工资，就必须更加卖力地干活。在这种艰难处境下，结婚障碍和养家糊口的难度都非常巨大，致使人口处于停滞状态。与此同时，劳动者数量的供过于求、劳动力价格的低廉、劳动者的更加勤勉，都会鼓励耕作者增加对土地的投入，或开垦新地，或对已开垦的土地施用更多的肥料，或进行更加全面的改良，直到生活资料和人口恢复到最初均衡的比例。此时，劳动者的境况有所好转，人口增长所受到的抑制也有所减弱。劳动者生活境况的恶化与好转，就是这样周而复始、不断循环的。

浅薄的观察者不会注意到这种摆动状况；即便是目光敏锐犀利的观察家也很难估计出这种摆动的周期。然而，凡是善于思考而又深入研究过这一问题的人都不会怀疑这一点，即在所有古老的国家，确实存在这样的摆动，尽管由于相反因素的作用，摆动的幅度比我描述的要小得多、不规则得多。

这种摆动之所以不像预期的那么明显且不容易被经验所证实，一个主要的原因在于，我们所了解的人类历史，仅仅是上层社会的历史，而前面所说的恶化与好转之间的摆动则主要发生在另一部分人身上，即下等阶层身上；而对于他们的风俗习惯，几乎没有可靠和令人满意的记载。要记录某一段时期内一个民族在这方面的历史，就需要有敏锐眼光之人花费相当长的一段时间，从事不间断、细致的观察与研究，探究成年人数与结婚人数的比例，限制结婚会使邪恶的风气盛行到什么程度，社会上最贫穷阶层和生活较优越阶层的儿童相对死亡率，劳动力的实际价格的变动模式，以及在某一时期内的不同时间，社会下等阶层的安乐和幸福状态有什么显著差异等。

尽管由于许多因素的干扰，摆动的周期可能具有不规则性，但这样的历史记载将非常有助于解释经常性的抑制对人口增长的影响特征，并证明前述的摆动是否存在。干扰这种摆动的因素包括：某些制造业的兴衰、农业企业精神的强弱、收成的好坏、战争和瘟疫、《济贫法》、减少劳动力的方法创新但劳动力市场并未相应扩大，特别是劳动者的名义价格和实际价格之间的差异，这种差异可能比任何其他因素都更容易掩盖这种摆动。

我们很少看到劳动力的名义价格会普遍下降；但是，我们会经常看到，在食物的名义价格逐渐上升时，劳动力的名义价格通常保持不变。这实际上就是劳动力的价格降低了；在此期间，下等社会阶层的生活状况必然趋于恶化，而农场主和资本家却因此而愈发富有。资本的增长使他们可以雇用更多的人手，从而增加工作机会，进而提升劳动力的价格。但是，几乎在所有的社会中，劳动力市场并非真正的自由市场，这种情况要么是由教区法造成的，要么是由富人容易联手而穷人往往一盘散沙这一更普遍的因素造成的。自由的缺乏阻止了劳动力价格的自然上升，并在较长时间内持续压制劳动力价格；也许要等到荒年，要求提高劳动力价格的呼声太高、必要性太显著时，才会不得不提高其价格。

劳动力价格上升的真正原因就这样被掩盖了。富人们将提高劳动力价格作为在荒年对穷人的同情和恩赐。一旦收成转好，他们便竞相抱怨劳动力价格未见回落，尽管他们只需稍加考虑就会明白，若非他们联合起来进行压制，劳动力价格早就自然上升了。

但是，虽然富人往往通过不正当的联合延长穷人受苦的时间，却没有任何一种社会形态能避免这种情况的发生。在不平等的国度，贫困发生在大部分人身上；在人人平等的国度，贫困则发生在所有人身上。

在我看来，这一观点据以成立的理论极为明了，故我认为无法否认该理论的任何环节。

若无生活资料，人口便无法增长这一命题，一目了然，无须赘述。

只要有生活资料，人口便会增长，所有存在过的民族的历史都充分地证实了这一点。

若无贫困和罪恶，占优势地位的人口的增殖力便不会受到抑制。人们在生活中已饱尝了贫困和罪恶这两颗苦果，而且产生这两颗苦果的物质原因似乎仍然存在。这些都为上述命题提供了令人信服的证据。

但是，为了更加充分地证实这三个命题的正确性，让我们来考察一下人类迄今所经历过的各种不同的社会状态。只需粗略的分析，便足以使我们相信，这些命题都是不容置疑的真理。

本章导读

强大的本能驱使人们繁衍后代，但由于生活资料与人口繁殖之间总是存在矛盾，故人类自然的繁殖力总未能得到全面开发。人们也许会考虑子女过多是否会影响自己的生活质量、是否需要过度劳作、是否会因无法给子女提供像样的照顾而需要限制生育等。所有这些都可能阻止人们遵从早婚法则，并由此而带来罪恶。加之理性的考量似乎总敌不过情欲本能的驱动，而这种驱动必然带来人口的增长。

在这一章，马尔萨斯进一步论证了人口是如何可能按照几何级数增长，而生活资料是如何按照算术级数增长的。马尔萨斯认为，“在我们所知的国家中，还没有哪个国家的人口增殖力得以完全自由且充分地发挥出来……如果一个国家人人平等，道德高尚，民风淳朴，生活资料充足，人们无须为家用不足而担忧，人口可不加抑制地增长，则该国的人口增长速度会大大超过我们迄今所知的任何国家的人口增长速度”，也就是说，“每 25 年翻一番”实际十分美好，却并没有提出切实可行的方案；而且，如果以葛德文的平等制度作为未来社会发展的引领，则人民可能将处于更加痛苦和不幸的境地。

最后一部分是马尔萨斯对其观点的重申，他花了两章的篇幅完整论述了“人类的不可完善性”。很有意思的一点是，马尔萨斯在书中引用了大量中国的事实，在他眼里，中国是这个世界上最富裕、最繁荣的国家，但同时也存在一定的贫困人口。它的每一亩土地都已被精耕细作了很长时间，土地的生产力很难有较大增长；而且，如饥荒等客观因素和一系列积极性抑制手段成为控制人口快速增长的主要方式。

四、学界评价

1798 年《人口原理》的问世，顿使马尔萨斯名扬天下，也为他带来了至今 200 多年的争议。他拥有达尔文、小威廉·皮特、普赖斯在内的众多追随者，也遭到马克思、恩格斯等人的批判。有人说他是古典经济学家的典范，也有人说他是庸俗经济学的代表。英国研究马尔萨斯的著名专家詹姆斯·博纳（James Bonar，1852—1941）在其《马尔萨斯及其著作》（*Malthus and His Works*）一书中写道：“马尔萨斯留下了无数人阅读而万人痛骂的著作”。不管评价如何，马尔萨斯终究以人口学家和政治经济学家的身份被载入史册。

在马尔萨斯以前，人口增加被普遍认为可以增加劳动力，促进经济发展。然而，马尔萨斯却认为，虽然人口增加可以促进总产量的增加，但它却更趋于减少人均产量，降低人民的幸福感。马尔萨斯的人口原理具有广泛的影响力，其政治观点迎合了当时的封建土地贵族，受到众多政治家、经济学家的追捧。他最知名的一个门徒是英国时任首相小威廉·皮特。1601 年，为缓解日益严重的贫困问题，英国颁布了《济贫法》，以教区为单位向没有工作能力的老弱病残者或孤儿提供援助；对于有劳动能力的贫困者，则要求其通过做工获得生活资料。1796 年，皮特决定修订《济贫法》，为多子女家庭增加援助——因为他认为，人口增长有利于国家财富的增加。他将社会成员分为两类，一类可以自己劳动挣得生活资料，另一类则通过增加人口使国家富足，对于后者，他们可以要求获得国家的救济。但《人口原理》问世以后，他很快就放弃了这一想法，并解释说是为了向那些持反对意见的人表示尊重。

第三章

野蛮或狩猎状态的简要回顾——游牧国家或蹂躏罗马帝国的野蛮民族——人口增殖力大于生活资料的增长力——北部移民浪潮的原因

在人类最原始的状态下，狩猎是主要的职业，是获取食物的主要方式之一。由于生活资料散布于广袤的土地上，故人口也相应稀少。据说，北美印第安人两性间的情欲比其他任何种族都弱，但尽管如此，他们的增殖力似乎也总是大于生活资料的增长力。印第安部落只要定居在土壤肥沃之地，可获得比狩猎更加丰富的营养来源，其人口就会较快增长。人们常常可以看到，当某个印第安家庭居住在欧洲殖民地附近，过着较为舒适和文明的生活时，一个女人往往就会有 5～6 个甚至更多的孩子。相反，在野蛮状态下，一个印第安家庭很少有超过 1 个或 2 个孩子能够长大成人。好望角附近的霍屯督（Hottentot）民族就是如此。以上事实证明，狩猎民族的人口增殖力大于生活资料的增长力，这种增殖力一旦能自由地发挥，便会持续地表现出来。

需要探究的是，能否在不产生罪恶和贫困的条件下，抑制人口的增殖力，从而使人口增长与生活资料的增长保持一种均衡状态。

作为一个民族而言，北美印第安人绝非一个自由平等的部族。有关他们的历史记载（实际上也是有关大多数野蛮民族的记载）表明，印第安民族的妇女之于男人，与文明国家中的穷人之于富人相比，更加完全地处于奴隶状态。一半国民就像是另一半国民的奴隶，对人口起抑制作用的贫困照例主要落在最下等社会阶层身上。即便是在最原始的社会，婴儿也需悉心呵护，而印第安妇女却不能提供必要的照料。这是因为，她们命中注定要饱受频繁迁徙带来的不便与困苦，必须连续不断地干各种苦活，并伺候好专制的丈夫。有时在怀孕期间，她们都还必须从事繁重的劳动，从而导致流产经常发生。因此，除最强壮的孩子外，多数子女都很难长大成人。除上述苦难外，妇女还得经受野蛮社会连绵不断的战争，并为干活不得不遗弃年老无助的父母，从而违背最基本的自然情感。在这整幅画面中，都少不了贫困这一阴影。在估计野蛮民族的幸福程度时，我们不应只盯着年富力强的士兵，因为一百个人当中才会有一个士兵：他是绅士、是幸运儿；不知经过多少努力，才能产生这么一个幸运儿，守护神使他安然度过无数危险，长大成人。在比较两个国家时，只能对二者最近似的阶层进行比较。因此，应拿年富力强的士兵与绅士相比，拿妇女、儿童和老年人与文明国家的下等社会阶层相比。

基于以上简短的考察或根据狩猎民族的历史记载，我们完全可以推论，食物的缺乏将狩猎民族的人口维持在稀少的水平上；若食物增长，人口也会随之增长；若暂且撇开野蛮社会中的罪恶不谈，贫困抑制了较强的人口增殖力，使人口和生活资料维持在一个相对均衡的状态中。实际的观察与经验告诉我们，迄今为止，除一些局部和暂时的情况外，这种抑制对所有的野蛮民族都持续发挥作用；同时，我们的理论表明，现在这种抑制的力量与一千年前的差异甚小，且也不会比一千年以后的小多少。

对于人类进化的第二阶段，即游牧民族的风俗习惯，我们所知更少。但是，欧洲各国以及世界上所有最富庶国家的历史都充分证明，游牧民族也难逃因生活资料匮乏而致贫的命运。生活资料匮乏就像一根鞭子，驱使塞西亚①牧民离开原来的住所，像饿狼一样，成群结队地四处寻觅食物。受这一强大因素的驱使，野蛮人像乌云一般在北半球各地聚集，滚滚南移，最后遮蔽了意大利的太阳，并对世界上所有最富饶美丽的地方都带来了长期而深远的影

① 塞西亚，在新疆西北的天山放牧的伊朗族裔。

响，甚至使整个世界陷入黑暗。追根溯源，人口增殖力大于生活资料的增长力是这一恐怖现象发生的主要动因。

众所周知，与以农业立国的国家相比，游牧国家可养活的人口相对较少，但游牧民族因具有集体迁徙的能力而显得非常可怕，他们还常常运用这种能力为畜群寻找新的牧场。拥有大量牲畜的部落，食物暂时是充足的；在绝对必要时，甚至可以吃掉母畜。因而，游牧民族妇女的生活比狩猎民族妇女的生活更为舒适。男子因团结而勇猛强悍，自信有力量通过迁徙为畜群找到新的牧场，故几乎不必为养家糊口而担忧。这些因素共同作用，很快就产生了自然且不可避免的后果，即人口膨胀，进而迫使他们不得不更为频繁和迅速地进行迁徙。广袤的土地被相继占领，周围的荒地则日益扩大。匮乏首先折磨着社会中较为不幸的成员，最后将波及全体社会成员。于是，年轻人不得不离开原来的部落，去外面开疆拓土，依靠手中的利剑为自己获得更好的地盘。“世界就在他们面前，任凭他们驰骋。”这些勇敢大胆的冒险家由于眼前的困苦而躁动不安，心中充满了对美好未来的向往，跃跃欲试，是其反抗者的强劲对手。所到之处，若是和平安宁的国家，他们便长驱直入；若是与他们相似的部落，则会发生一场你死我活的厮杀。他们拼死作战的勇气源自这样一种信念：死是对战败者的惩罚，生是对胜利者的奖赏。

这种残酷的厮杀必然给许多部落带来灭顶之灾，另一些部落也可能因困苦和饥荒而消亡；但是，还有一些部落在其首领较为正确的领导下，逐渐变得更为繁荣和强大，并继而派遣新的冒险家寻求更为富饶的地盘。为争夺地盘和食物而进行的无休无止的战争虽然牺牲了大量的生命，但强大的增殖力补充了更多的人口；在某种程度上，频繁的迁移使得人口的自然增殖力得以毫无阻碍地发挥作用。虽说迁居南方的部落只有通过连续不断的战争，才得以占据较为富饶之地，但由于生活资料增多，人口和实力也迅速增长。最后，从中国边境到波罗的海沿岸的所有地区，都被勇猛强悍、富于进取而又耐劳好战的野蛮部落所占据。一些部落保持了自己的独立地位，而另一些部落则归顺于某个蛮族酋长的麾下，这个酋长带领他们不断取得胜利；更为重要的是，酋长把他们带到了盛产谷物、美酒和油料作物的地方，而这些正是他们梦寐以求的东西，是对他们辛劳的最好奖赏。阿拉里克①、阿提拉②、成吉思汗③及其手下的大臣们，也许是为了荣誉、为了赢得大征服者的声名而战，但导致北方野蛮民族大迁徙并推动他们在不同时期挥师南下，侵扰中国、波斯、意大利乃至埃及的真正原因，却是食物的匮乏，是因为人口的增长超过了生活资料的增长。

相对于领土面积而言，游牧民族在某一时期的人口总量不会很大，但人口的更替却似乎极为迅速。这是因为，总有某些被占领的地区是不毛之地，而一旦某些人因战争或饥荒而死亡，其他人便会立即填补他们的位置。与现代人不同的是，这些令人胆寒且无视将来的野蛮人，不会担心未来的生活，也不会抑制人口的增长。他们天性无忧无虑，普遍希望通过迁徙和与之相伴随的掠夺来改善处境，贫困时甚至可将子女卖身为奴。所有这些都促使人口快速增长，然后再由饥荒或战争来进行抑制。

经济状况的不平等在游牧民族中很快就会出现；而在这样的地方，食物匮乏所带来的苦难就必然最沉重地落在最为不幸和最脆弱的社会成员身上。其中，妇女更可能体验到这种苦难：当丈夫身处外地时，她们可能会遭遇掳掠，而盼望丈夫归家的希望也总是落空。

由于对游牧民族的详尽历史所知甚少，故我们不能确切地指出，食物匮乏所带来的苦难主要会落在哪一部分人身上，也不能确切地判断这种苦难的程度。但是，根据现有关于游牧民族的记载，我们完全可以说，每当因为迁徙或其他原因，生活资料得以增长时，游牧民族的人口便会增长；随后，人口过剩带来贫困和罪恶，由此会抑制人口的进一步增长，进而带来实际人口与生活资料的相对均衡。

撇开游牧民族中可能盛行的有关妇女的种种恶习（这些恶习总是抑制人口的增长）不谈，我们认为必须承认，发动战争是一种罪恶，是贫困带来的

---

① 阿拉里克（Alaric，约395—410），西哥特人首领，贵族出身，曾在罗马帝国军队中服役。一般认为，他是西哥特王国的缔造者。

② 阿提拉（Attila，406—453），古代欧亚大陆匈人的领袖和皇帝，史学家称之为“上帝之鞭”。

③ 成吉思汗，即孛儿只斤·铁木真（1162—1227），蒙古帝国可汗，尊号“成吉思汗”（Genghis Khan），意为“拥有海洋四方”。世界史上杰出的政治家、军事家。

恶果；而且，毫无疑问，这种贫困是由食物匮乏造成的。

本章导读

在这一章中，马尔萨斯试图通过对早期人类社会的分析，探讨人口繁殖与生活资料增长之间的关系。他将人类进入文明时期之前的社会分为野蛮民族时期和游牧民族时期两个阶段，并在这一章分析了二者的人口繁殖力及其背后的原因。他认为，处于野蛮或狩猎采集状态的民族，因食物匮乏，故人口增长缓慢；在进入游牧时期后，这类民族勇猛强悍、富于进取和耐劳好战的特性，驱动他们不断开疆拓土、由北向南迁徙，获得美酒美食，从而推动人口的快速增长。然而，好景不长，人口的快速繁殖反过来又会成为人口抑制的动因，出现一次又一次的循环：人口与食物不相匹配→带来贫困→引发战争（和罪恶）→ 抑制人口的增长→带来生活资料的增长与人口增长的相对平衡。在他看来，贫困对人口的抑制作用不会随着岁月的流逝而发生本质性的变化。

马尔萨斯在此提出了一个很重要且很正确的方法论问题，虽然他的这种类比有失偏颇：他主张，在比较两个国家（如一个野蛮民族和一个文明国度）时，只能对最近似的阶层进行比较，而不能眉毛胡子一把抓、拿圆白菜与鸡肉进行对比。因此，对于地位低下、终日辛勤劳作且难以兼顾自然和血缘情感的印第安妇女，就只能将她们与文明社会的下等阶层进行对比。虽然将妇女统统视为下等阶层未必一定妥当，但字里行间中，马尔萨斯对妇女、儿童和老年人充满了人性的关切。就他所处的时代，这种人性的关切是值得称道的。

从今天的观点来看，马尔萨斯对人类进化阶段的划分并不妥当，因为游牧民族时期未必是文明社会进化的一个必经阶段，而是与民族所处的自然环境有关。一些民族在经过野蛮时期后，可能就过上定居生活了。当然，对人类进化阶段的划分，并非马尔萨斯的重点；相反，他只不过是想凭借对狩猎民族和游牧民族的比较，来说明为什么前者的人口增长较慢，而后者的人口增长较快，从而进一步论证他有关贫困是抑制人口增长的重要法则的论点。

马尔萨斯认为“游牧民族也难逃因生活资料匮乏而致贫的命运”，人口增长带来的食物匮乏，“迫使他们不得不更为频繁和迅速地进行迁徙”。但迁徙不仅发生在游牧民族中——中国古代北方游牧民族的周期性南迁甚至入主中原已经充分证明了这一点——而且发生在定居民族中。从三次大规模的人口南迁，到闯关东、走西口、下南洋，在中国几千年的历史长河中，人口迁徙从来没有停止过。他们当中有为生活所迫者，希望通过迁徙摆脱贫困和失业，进而改善生活，谋求事业成功；但更多的是为了躲避战事，逃离硝烟弥漫的家乡，寻找另一片乐土。

第四章

文明国家状态——欧洲现在的人口也许比恺撒时代的人口多得多——估算人口的最佳尺度——休谟提出的估算人口的尺度可能是错误的——欧洲大多数国家当前的人口增长都很缓慢——对人口增长的两种主要抑制——结合英国的情况考察第一种抑制，即预防性抑制

继游牧民族时期后，人类便进入了畜牧和农耕混合的状态。现在，大多数文明国家仍处于这一状态，只是两者相互混合的比例有所不同。因而，在考察这种状态时，可以借助于日常所见、实际经验以及每个人所能体验到的事实来加以说明。

尽管某些古代历史学家有所夸张，但任何具有思辨能力的人都不会怀疑，现在法国、英国、德国、俄国、波兰、瑞典和丹麦等主要欧洲国家的人口都分别多于过去的人口。历史学家们夸大其词的原因是显而易见的，因为即便是人口稀少的国家，当其人口聚集在一起，集体迁徙，共同寻找新的地盘时，其规模也会显得庞大且可怕。而且，除形式上的庞大且可怕外，类似的迁移每隔一段时间都会重新发生，由此可能留给南方弱小国家一种印象，即北方的人口非常稠密。但是，通过对这一问题进行较为深入和正确的考察，我们便可知道，这种推论是多么荒谬，就如同英国某人，因在路上经常看到有人从威尔士和北方把牲畜赶到南方，便立即相信这些地方是英国最富庶的地方一样荒唐可笑。

现在欧洲大多数国家的人口之所以超过以往，是因为这些国家的人民辛勤劳作，生产出了更多的生活资料。我认为，一个无须争辩的命题是，倘若一个国家的领土足够大，生产能自给自足，则即便奢侈与节俭的习惯有所变化，该国的人口也会与土地产出的食物维持在一个常态化的比例。在争论古代和现代国家的人口孰多孰少时，若能清楚证明，总体来讲，现代国家的平均产量超过恺撒时代的产量，则争论的问题便可迎刃而解了。

如果我们能肯定，中国是世界上土地最肥沃的国家，且全部的土地几乎都已被耕作，大部分土地每年都有两次收获，其人民生活节俭，则我们可确定无疑地判断，中国的人口一定很多。因此，仅从推断人口数量的角度，我们不必费心去考察中国下等阶层的风俗习惯和对早婚的鼓励。不过，这种考察却是极其重要的，因为对中国下等阶层风俗习惯的详细历史记载，非常有助于我们弄清抑制性因素是如何阻止人口进一步增长的；弄清究竟是哪些罪恶、哪些苦难阻止了人口的增长超过土地的供养能力。

休谟曾撰文讨论古代国家和现代国家的人口多寡问题。正如休谟自己所言，他在文中把相关原因的研究和有关事实的研究结合在了一起，但却似乎没有表现出他所拥有的一贯的洞察力，没有认识到他所列举的原因中有些几乎不能使他对古代国家的实际人口做出任何推论；或即便能做出推论，也可能得出相反的结果。在研究这类问题的诸多学者中，休谟是最不可能被表面现象所蒙骗的；为此，我理应战战兢兢地提出与他相反的观点。一方面，如果我们发现，古代历史中的某一时期盛行鼓励早婚的风气且早婚现象普遍，单身之人很少，则可有把握地推断说，此时的人口正在迅速增长，但绝不能推论说，当时的人口规模实际上已很庞大。这是因为，实际情况可能刚好相反：正是因为人口稀少，才会有多余的空间和食物供养更多的人口。另一方面，如果我们发现某个时期养家糊口十分困难，人们普遍晚婚，且单身之人很多，则可很有把握地推论说，当时的人口处于停滞状态。这也许是因为，实际人口相对于土地而言已很庞大，几乎没有多余的空间和食物来供养更多的人口。在现代国家中有许多男仆、女仆及其他保持单身之人，休谟认为，这是这些国家人口稀少的证明；而我却由此得出相反的推论，认为这是这些国家人口稠密的证明。然而，在有些人烟稀少的国家，人口也处于停滞状态，故我的判断也未得到充分的证明。因此，正确的表述应该是，同一国家或不同国家在不同时期，单身人口在总人口中的占比可用来判断其此时的人口是处于增长、减少还是停滞状态，但却不能用来确定它们实际上究竟有多少人口。

不过，关于中国的多数记载，有一种情况很难与上述推论相一致。据载，早婚在中国各阶层都非常普遍，但亚当·斯密博士却认为，中国的人口增长处于停滞状态。这两种情况看似相互矛盾、不可调和。中国的人口确实不可能增长，因为它的每一英亩土地都已被精耕细作了很长时间，很难想象这些土地的平均产量每年还能有很大增长。盛行早婚的事实也许并不确切；但若早婚确实盛行，那么就我们现在的知识而言，似乎只能这样解释上述矛盾，即早婚所带来的人口过剩肯定受到不时发生的饥荒和弃婴习俗的抑制，且弃婴现象在荒年普遍发生。这种野蛮、违反人类自然情感的习俗是欧洲人完全无法想象的；它的存在是食物匮乏带给人类苦难的最有力的证明。弃婴在古代似乎的确很盛行，似乎也有助于人口的减少。

在考察现代欧洲各主要国家的情况时，我们发现，虽然它们自成为游牧国家以来，人口已有很大的增长，但当前人口的增长速度却非常缓慢，人口翻一番所用的时间不止 25 年，而要三四百年或更长时间。实际上，有些国家的人口增长可能处于绝对的停滞状态，还有一些国家的人口甚至在减少。但是，人口增长缓慢的原因不能归结为两性间情欲的衰退。我们有足够的理由相信，这种自然情欲依旧强烈。问题是，它为什么没有推动人口的迅速增长呢？只要仔细考察一下欧洲任何一个国家的社会状况——任何一个国家都可以代表所有国家——就可回答这一问题，即预防性抑制和积极性抑制阻止了人口的自然增长。所谓预防性抑制，是指对养家糊口的忧虑；所谓积极性抑制，是指下等阶层之人实际面临的苦难，这些苦难使得他们无法给予子女应有的食物和照料。前述两种抑制都会阻碍人口的增长。

英国是欧洲最繁荣的国家之一，以它为例来解释预防性抑制是恰当的。对它的考察，只需稍加修改，便可适用于任何一个人口增长缓慢的国家。

预防性抑制在某种程度上似乎影响着英国的所有社会阶层。即便一些社会地位很高的人，一想到成家后就必须节俭度日，必须放弃自己喜爱的快乐生活，也会打消结婚的念头。当然，这种担忧对上等社会阶层之人可能是微不足道的；但社会阶层越低下，这种对未来生活的忧虑就越强烈。

一个受过普通教育而收入刚够进入绅士阶层的男性肯定会感到，若结婚成家，则在出入社交界时，他将不得不与中等农场主和下等商人为伍。受过教育的男性自然会选择与自己情投意合的女子为妻——在那个时代，受过教育的女子基本来自上等社会阶层，可婚后由于社会地位的下降，妻子不得不出入与以前完全不同的社交圈子，生活质量下降。一个男人会忍心让自己的爱人过与她兴趣爱好迥然不同的生活吗？尤其是当他在社会分层中处于转折时期，再后退两三步便可能从知识阶层坠落至愚昧无知阶层时。在大多数人看来，这并非虚构的困难，而是实实在在的灭顶之灾。一个令人满意的社会，必须是自由和互惠的，人与人之间平等往来，而非像受助者和赞助者、富人与穷人那样的关系。

毫无疑问，对生活质量降低的顾虑使该阶层的许多人打消了早婚的念头；而另一些人因情欲较强或自控力较弱，冲破了这些约束。如果从纯洁的爱情这样令人愉悦的情欲中获得的乐趣大于随之而来的痛苦的话，突破约束也许是值得的，但实际情况并非总是如此。不过，我们必须承认，婚姻带来的更为普遍的结果，不是抑制了谨慎者的忧虑，而是证明了这种忧虑的正确性。

商人的孩子和农场主的孩子常常被劝告不必急于结婚；他们往往也觉得，在商业或农业上谋到可养家糊口的固定职业之前，有必要听从这一忠告。但是，自立是达到一定年龄之后的事情。英国人普遍抱怨农场不足，各行各业的竞争也十分激烈，故并非所有人都能成功地独立生活。

每天挣 18 便士的劳动者，独自生活也许还很舒服；若要把这仅够一人享用的微薄收入分给四五个人共享，就难免会有拮据和踌躇了。为了和心爱的人共同生活，他得过更苦的生活，得更卖力地干活；假如他子女成群或遭遇任何不幸，则无论怎样节俭、怎样卖力干活，都难免眼睁睁地看着孩子忍饥挨饿，或不得不丧失自立地位而依靠教区的救济为生。喜欢自立、害怕丧失自立能力无疑是每个男性所怀有的自然情感。然而，我们不得不承认，英国的教区法是最有损于这种情感的一种制度：它不断削弱、最后完全磨灭了这种情感。

生活在绅士家里的仆人若贸然结婚，则会受到更大且更难以冲破的限制。他们几乎享有同主人类似的、充裕的生活必需品和舒适的生活。与劳动阶层相比，他们工作轻松、食物精美。他们如果感到不悦，便可更换主人，故依附感不强。现在生活如此舒适，结婚后会怎么样呢？他们缺乏经商或农耕的知识和资本，不习惯也无法靠日常劳动为生，唯一的避难所似乎就是破烂肮脏的酒馆；这样的未来生活绝不是一种诱人的前景。因此，很多仆人受制于这种黯淡的生活前景而满足于继续过独身生活。

如果上述有关英国社会状况的简要描述基本上是真实的（我认为并没有夸大其词），那么我们应该承认，在这个国家中，对人口的预防性抑制影响着所有的社会阶层，尽管影响的程度不一。同样的结论适用于所有古老的国家。实际上，因限制婚姻而产生的不良后果十分明显，随之产生的罪恶几乎遍布世界各地，并不断地使两性都陷入无法摆脱的不幸。

本章导读

在考察了野蛮和游牧民族后，马尔萨斯回到畜牧和农耕社会，也就是他所说的文明社会（虽然现代考古学已经证明，畜牧社会未必就是文明社会，而可能只是从野蛮到文明的一个过渡阶段）。

本章有三个核心点：其一，为什么在康乾盛世，中国人口的增长比较缓慢？本书首版于1798年，即乾隆皇帝驾崩的前一年。那时候中国正处于康乾盛世的末期，也正是马尔萨斯出生、成长和写作本书的时代。彼时，西方世界对中国有诸多好奇，认为中国是当时世界上最富有的国家，黄金遍地，俯拾即是。在这里，马尔萨斯认为，中国存在一个悖论：一方面，中国鼓励早婚，故人口应该快速增长。早婚在中国是的确存在的。比如，汉惠帝时期通过了一条法律，女孩必须在15岁结婚，否则她的人头税就会以5倍来征收；西晋开国皇帝司马炎也规定，女孩若17岁尚未成婚，就会被指定婚姻。自宋至清，官方规定的女性的初婚年龄都是13岁（见表4-1）。

表 4-1　　中国古时几个朝代官方规定的男性和女性的初婚年龄

朝代	男性婚龄	女性婚龄
北周	15	13
唐朝	20	15
宋至清朝	16	13

另一方面，若亚当·斯密所言不虚，中国的实际情况是，当时人口增长缓慢，那么，这里可能有两个问题需要解答：一是上述两种情况中或有一种与事实不符；二是如果两种情形都符合客观事实，那么，该如何解释这种情况？休谟、斯密和马尔萨斯都采用婴儿死亡率高来解释中国人口增长缓慢的原因。

但是，婴幼儿死亡率高究竟会在多大程度上减少中国人口的数量呢？如果婴幼儿死亡率得以降低，总人口是不会减少的。因此，马尔萨斯忽略了当时很高的婴幼儿死亡率和孕产妇死亡率：虽然早婚，但因产妇死亡率很高，生育率也会受到制约；虽然多产，但不少婴幼儿未及少年便已夭亡（见表 4-2）。

表 4-2　　中国清朝前期宗室人口死亡统计

辈分	人口数量			平均寿命			16 岁以下死亡率*（%）		
	总	男	女	总	男	女	总	男	女
努尔哈赤	6	5	1	—	55	—	—	—	—
皇太极	80	44	36	54	53	55	20	18	22
顺治	271	141	130	35	36	34	14	14	14
康熙	872	479	393	33	28	38	38	47	29
雍正	2 423	1 377	1 046	29	32	26	37	34	39
乾隆	4 607	2 498	2 109	25.3	30.5	20	48	36	59

*古代纪年采用虚岁，实际年龄应为 15 周岁。

资料来源：江桥. 清朝前期宗室人口状况的初步统计与分析. 人口研究，1986，10（1）：50-54.

其二，运用逻辑推演的手段，马尔萨斯驳斥了休谟对人口多寡的判断方法。大卫·休谟在《论古代国家的人口稠密》一文中，讨论了古代和现代国家的人口疏密问题。马尔萨斯认为，休谟的论断将二者混为一谈。早婚和普婚可让我们推断人口的快速增长，却无法推论该时期人口规模实际上已很庞大，因为可能正因人口稀少，生活资料才能供养更多的人口；反之，若生活资料不足，则会带来晚婚和不婚，进而可以有把握地推断说，此时人口处于停滞状态。由此，若一个国家流行不婚，这不仅不是人口稀少而是人口稠密的证明，即可以用单身人口的占比来判断人口是处于增长、减少还是停滞状态，却不能用来确定实际人口数量。

其三，如果说中国人口增长缓慢的原因在于较高的婴幼儿死亡率和饥荒的话，现代欧洲游牧国家的人口增长的速度也很缓慢，其原因何在呢？这就是预防性抑制和积极性抑制。而这正是本章的重点和落脚点。所谓“预防性抑制”（或道德性抑制、消极性抑制），是出于对养家糊口的忧虑而自觉禁欲、晚婚、不婚和不育，即为生而不生：通过减少房事、晚婚、不婚或者不育等手段，降低人口出生率，控制人口的增长速度，从而维持人口数量和生活资料的均衡比例。由此，人们对待生活的理性态度，可使之免于陷入“婚育→人口增长→资源稀释→生活困顿→失去独立和自立这种每个男性都怀有的自然情感”的陷阱。

从道德层面对人口的增长进行限制，即采取限制结婚和节制生育的措施，降低出生率。这与战争、贫穷、疾病等罪恶和痛苦的限制（详见下一章）相比，是实现人口与生活资料相平衡的最佳方法。这种对生活的谨慎态度，不同程度地影响着所有的社会阶层，成为有效抑制人口增长的重要手段。

第五章

结合英国的情况，考察第二种抑制，即积极性抑制——英国为穷人征收的巨额税款并未改善穷人生活状况的真正原因——《济贫法》本身强大的倾向使其目的落空——《济贫法》的目的是减轻贫困——根据人性的固有法则，要使下等社会阶层完全摆脱食物匮乏的压力是绝对不可能的——人口受到的所有抑制都可以归结为贫困或罪恶

所谓积极性抑制，是指已经开始增长的人口受到的抑制，主要是社会最下层受到的抑制，尽管也许并不完全如此。

对一般人而言，这种抑制不像前面提到的预防性抑制那么明显。就我们现在拥有的资料而言，要说明这种抑制的强度和范围还稍显不足，但我认为，凡是注意到死亡表的人一般都已察觉，在每年死亡的儿童中，有很大一部分是因父母不能给予足够的食物和适当的照料造成的。有时，这些儿童甚至还会遭受严重的苦难，不得不住在卫生条件恶劣的环境中，从事繁重的体力劳动。在所有城市，总可以看到穷苦家庭的孩子大量死亡。农村的情况可能没有这么严重，但因人们至今尚未充分地研究过这一问题，故谁也不能确切地说，农村贫困儿童的死亡率低于城市中上等阶层家庭的儿童死亡率。事实上，我们很难想象，一个有着 6 个孩子、常常极度缺乏食物的农村劳动妇女，总能给予孩子维持生存所必需的食物和照料。在现实生活中，农家子女并不像

小说中描绘的那样，都是脸色红润的小天使。居住在农村的人会告诉你，他们的孩子往往发育不良、成熟很晚；看似只有十四五岁的孩子，实际上已经十八九岁了。扶犁耕地理应有益健康，但由于缺少适当且充足的食物营养，很少能看到扶犁的小伙子有腿肚子。

为了减轻普通民众频繁发生的贫困，英国政府颁布了《济贫法》①。然而，《济贫法》虽然可能减轻了部分人的不幸，但可能使更多的人遭遇不幸。英国每年为穷人征收巨额税款，但他们依旧处于贫苦之中。该现象常常引起讨论，但却总是让人大惑不解。有人认为，这是因为征收来的税款被贪污了；也有人认为，这是因为很大一部分税款被教会执事和负责救济的人挥霍了。总之，大家都认为，税款的管理制度过于糟糕，未能发挥应有的作用。英国每年为穷人征收近 300 万英镑税款，却未能将他们从穷苦不堪的困境中解脱出来，此事的确令人感到费解。但是，如果再做些稍微深入的思考，人们惊讶的就不是这个事实了；相反，让他们更惊讶的是，即便每镑征收 18 先令而非 4 先令，也难以让穷人的境况大为改观。下面我将以一个例子，来进一步解释我的观点。

假设不依靠富人的捐赠，一个人每天可挣 18 便士，而现在可得到 5 先令，人们也许会据此认为，穷人可由此过上舒服的日子，顿顿吃肉。但是，该结论却完全是错误的。每天转移给穷人 3 先令 6 便士，并不会增加英国肉类的数量。目前，英国缺乏足够的肉类产品，难以给每个人提供适量的肉食。那么，它的后果会是怎样的呢？肉类市场的供不应求，必然带来买家之间的竞争，进而会迅速把肉价从每磅六七便士抬升到每磅两三先令，而能享用该商品之人并不会增多。当某种物品处于稀缺状态而不能为所有人享有时，小部分人可能将垄断这类物品；谁出价高，谁就会拥有该商品。即便我们假设，买肉者之间的竞争持续的时间之长，能有效增加每年饲养的牛的数量，这也只能是在牺牲谷物的情况下的增长，是一种很不合算的交换——很显然，此时的国家已无法再养活与以前一样多的人口。当相对于人口而言，食物处于

① 1601 年由英国王室颁布，一直延续到 1948 年，其背景为 16 世纪英国圈地运动迫使众多农民背井离乡，沦为流浪汉，失业现象日益严重。

稀缺状态时，社会最底层人士究竟是每天得到 18 便士还是 5 先令，也就变得无关紧要了，反正他们都得过最苦最紧的日子。

人们也许会说，如果购买每种物品的人数增多，就会刺激生产行业，从而增加我国的物质总量。在某种程度上，这种情况也许是可能的。但是，财富的增长反过来会刺激人口的增长，且抑制性因素不能完全抵消这种刺激给人口增长带来的后果，故而增加的产量将会分配给涨幅更大的人口。一直以来，我们的假设是，人们完成的工作量与以前一样多，而实际情况并非如此。每天得到 5 先令而非 18 便士会使人产生一种错觉，认为自己已经比较富有，可享受更长的无须工作的闲暇时光；这种幻觉将严重且直接地抑制行业生产；不久之后，不仅整个国家会变得比以前更穷，而且下等社会阶层的处境也会比每天仅得到 18 便士时更为悲惨。

即便按每天 18 先令向富人征收税款，并以最合理的方式进行再分配，其结果也会与上述假设的情况大同小异。富人无论做出多大的贡献或多大的牺牲，尤其是金钱方面的贡献和牺牲，都不能防止贫困在下等社会阶层中的循环发生。然而，富人的贡献或牺牲的确可能带来巨大的变化，可能使得部分富人变穷，而一些穷人变富。其中，有一部分社会成员的生活必定会遇到困难，而且这种困难必定会自然而然地落在最不幸的社会成员身上。

我们很难做到的是，用金钱提高一个穷人的社会地位，使他过得比以前更好，但同时又不相应地降低其他穷人的生活。这乍看起来似乎很奇怪，但我相信事实正是如此。如果我缩减家里人的食物消耗量，把节省下来的食物给这个穷人，那将使他受益，而受苦的只有我自己和家人，不涉及其他人，这一点我和家人也许能够承受。如果我开垦一块荒地，把生产的食物给这个穷人，那么我将既使他受益，又使全体社会成员受益，因为他以前消费的食物，或许连同一些新生产的食物都会转归社会。但是，如果我给他的仅仅是金钱，并假设英国的物质产量不变，那么我给他的便是一种权利，可使他从这固定产量中得到比以前更大的份额；不过，他若要得到较大的份额，就势必减少他人的份额。很显然，这种影响在个别情况下是非常小的，以至难以察觉；但如同其他影响一样，它肯定是存在的，就像空气中的一些微生物，虽然我们看不见，但却是存在的。

假设某个国家的食物产量多年不变，那么食物就必须根据每个人拥有的独享权的价值进行分配；或者必须根据每个人能为该必需品提供的货币数量进行分配（葛德文把人们从祖辈那里继承的财富称为发霉的独享权。我认为，把这种财富称为独享权是非常恰当的，但我却很难赞同将其称为发霉的独享权，因为人们是如此经常地使用这种财富）。所以，一个很明显的事实是，当一些人的独享权的价值增长时，必有另一些人的独享权的价值在降低。如果富人不减少自己餐桌上的食物，而捐给50万穷人每人每天5先令，那么毋庸置疑，这些穷人自然会比以前生活得更舒适，会消费更多的食物，而剩下来用于分给其他人的食物将会减少，从而将降低这些人的独享权的价值；换言之，相同数量的银币所能购买的生活资料的数量将会减少。

显然，人口增长而食物不成比例增长，同样必然会降低每个人的独享权的价值，进而减少分配给每个人的食物数量，以及一天的劳动所能购买的食物数量。食物价格的上涨，要么是因为人口的增长快于生活资料的增长，要么是因为社会上财富分配的差异。一个历史悠久的国家，即便食物仍在增长，也是缓慢而有规律的，无法满足任何突如其来的需求；与此相反，社会财富的分配却经常发生变化，这无疑是引起食物价格经常变动的原因之一。

在客观上，英国的《济贫法》往往在两个方面使穷人的生活状况趋于恶化。首先，《济贫法》的推行使得人口趋于增长，却无法增加养活人口的食物。穷人明知无力养家糊口却也要结婚，故从某种程度上讲，是《济贫法》在生产它所救济的穷人。由于人口的增长，分配给每一个人的食物必然减少，这使得那些在生活上不依靠教区帮助的劳动者所能购买到的食物比以前更少，从而必将使更多的劳动者不得不去寻求教区的帮助。

其次，一般来说，济贫院收容的人并非最有价值的社会成员，但他们消费的食物却会减少本应属于更加勤奋、更有价值的社会成员的食物份额，从而以同样的方式迫使更多的人依赖救济为生。如果让济贫院中的穷人过得比以前更好，那么新的财富分配将会引起食物价格上涨，从而使救济院外的穷人的生活状况趋于恶化。

幸运的是，英国的农民阶级仍具有自立精神；而《济贫法》在蓄意破坏这种精神，且在某种程度上取得了成功，但尚未获得彻底成功。否则，其有害的倾向就不会被掩盖得这么久了。

尽管对个人来说，视因缺乏自立能力而陷入贫困为一种耻辱是十分残酷的事情，但仍应该形成一种风气。这种刺激对于促进全人类的幸福而言似乎是绝对必需的，任何削弱这种刺激的企图，不论其用意多么善良，都将会产生事与愿违的结果。如果某些人因为可以得到教区的供养而结婚，但自己几乎不能自立、不能养家糊口，那么，不正当的诱惑不仅会给他们自己和孩子带来不幸，还会不知不觉地损害同阶层的所有其他成员的利益。一个不能养家糊口的劳动力，在某些方面可以说是其所有劳动伙伴的敌人。

我丝毫不怀疑，英国的教区法促进了食物价格的上涨和劳动力实际价格的下降，从而使得只拥有劳动力的阶层陷入贫困。我也很难否认，教区法大大地助长了穷人散漫、无节制的习惯，与小商人和小农场主谨慎和节俭的性情形成鲜明的对比。粗俗地讲，穷人往往现挣现吃、勉强度日。他们把所有心思都放在当前的需求上，很少为未来着想。即便剩有余钱，他们也很少储蓄，而通常把满足基本生存需要后剩下的钱用来酗酒行乐了。可以说，英国的《济贫法》削弱了普通人储蓄的意愿和能力，从而削弱了他们节俭、勤勉度日、追求幸福的一个最强烈的动机。

大制造商们普遍抱怨，高工资使所有工人都堕落了。然而，工人若在意外发生时得不到教区的帮助，那么，他们很可能会把部分工资储蓄起来以备将来家用，而不是用来酗酒和挥霍。工厂的穷人之所以花掉全部工资、及时行乐，是因为他们可以指望得到教区的救济。以下事实可以证明这一推断：一旦某一大工厂倒闭，便会立即有许多工人向教区求助，尽管在工厂生意兴隆时，他们挣得的工资高于农村一般劳动力的价格；他们本应省下其中的一部分，并在找到另一份工作前，可以借此来接济家用。

一个男人若认为自己病了、死了之后，妻儿可由教区救济，那么他便会继续到酒馆里喝酒行乐；相反，若他知道自己病了、死了或发生其他意外后，妻儿可能不得不沿街乞讨甚至饿死街头，那么他在挥霍余钱时可能就会有所顾虑和犹豫。在中国，劳动力的实际价格和名义价格都很低；依据法律，儿子必须赡养年老无助的父母。虽然我不敢妄言英国是否应该颁布类似的法律，但如果正在实施的法规会使因丧失自立能力而贫困的现象变得普遍，人们对此也不再感到羞愧，那么，这样的法律无论如何也是不合适的。出于最人道、最仁慈的原因，人们应该对丧失自立能力、陷入贫困感到羞耻。

如果去除这种对懒惰和挥霍最强有力的抑制，不能养家糊口的男子因此而受到诱惑并结婚成家，则会从总体上减少普通人的幸福。毫无疑问，应该把阻碍结婚的每一道障碍都看作是一种不幸。既然按照自然法则，人口的增长总要受到某种抑制，那么，与其鼓励人口增长，然后让食物匮乏和疾病对此加以抑制，不如从一开始就让对自己养家糊口的担忧和对自己丧失自立能力而陷入贫困的担忧来加以抑制。

我们应该时刻谨记，粮食产品与工业产品具有本质的不同，后者所需的原料非常充足，而食物却不然。对工业产品的需求有多大，就可以创造多少产品，但却无法以同样的创造力来满足对食物的需求。在所有肥沃的土地均已被开垦的国家，只有高价才能刺激农民在贫瘠且需多年经营才能有所回报的土地上进行耕种。然而，在有利可图的前景大到足以激励农民进行这种农业投资以前，尽管新的产品在增长，但食物的匮乏可能已给民众带来了巨大的苦难。除少数国家外，各国对食物的需求总是在增长，而我们看到，在所有历史悠久的国家中，满足这种需求的能力的提高却非常缓慢。

我们并不否认，英国颁布《济贫法》的目的是出于仁慈的考虑，但我们也有充分的理由相信，《济贫法》并未达到其预期的目的。诚然，《济贫法》减少了极度贫困的发生，但总体来看，靠《济贫法》为生的穷人远未摆脱贫困。反对《济贫法》的一个主要理由是，为了使一些穷人得到本身未必是好事的救济，英国的普通民众不得不忍受一整套令人厌恶、给人带来不便而又专制暴虐的法律；这完全违背了英国宪法的精神实质。所有关于救济穷人的安排，即便目前已经修订，也与自由的思想格格不入。教区对一个家人很可能吃了上顿没下顿的男人和一个即将临盆的、可怜的女人加以迫害，简直是最令人发指的可耻暴行。此外，这些法律还经常给劳动力市场制造障碍，给那些不靠救济、自谋生计、自食其力的人平添了许多困难。

从某种程度上讲，伴随《济贫法》而产生的这些弊端是无法根除的。要救济某一类人，就得使另一些人有权辨认谁该救济、谁不该救济，并依规而行，但干预他人之事却是一种暴政，这种权力的行使会让被迫要求救济的人感到厌烦。穷人普遍抱怨法官、教会执事以及救济管理人员的专制暴虐，但过错并不在他们身上；他们在被赋予这种权力之前，也许并不比其他人坏；制度是这类过错的真正根源。

《济贫法》的弊端也许太过深远而根本无法根除；我还确信，如果没有《济贫法》，尽管极度贫困的人可能会多一点，但总体而言，普通民众的幸福感也会更强一些。

皮特先生的《济贫法》从表面上看是出于仁慈的目的，人们提出的反对意见在许多方面也并未切中要害且不切实际，但必须承认，同所有此类法案一样，《济贫法》也有一个巨大且根本性的缺陷，即它往往助推人口的增长，却不能增加养活人口所需的生活资料，从而使不靠救济为生的人的生活境况趋于恶化，造成更多的穷人。

消除下等社会阶层的贫困确实是一项艰巨的工作。老实说，贫困对社会成员的压迫，乃是一种顽疾，并非人类的智慧所能根除。若要我提出一种减轻痛苦的方法（按疾病的性质而言也只能是减轻痛苦的方法），则首先要完全废除现行所有的教区法，使英国的农民享有行动自由，而他们现在几乎没有行动自由。这样，他们便可以自由地选择居所，哪里有更多的工作机会，哪里的劳动力价格更高，他们就居住在哪里。劳动力市场也将因此而处于自由状态，从而消除现在这些长期阻碍劳动力价格随需求上涨而上升的因素。

其次，对开垦新地给予奖赏，尽最大可能鼓励农业而非制造业，鼓励耕种而非畜牧。应尽力削弱和废除所有与公司、学徒有关的制度，这些制度致使农业劳动者的报酬低于工商业劳动者的报酬。如果一个国家偏向于手工业工人，那么这个国家就绝不会生产出它所需的食物量。鼓励农业既有助于向市场提供越来越多的利于健康的工作，又可增加国家的农业产量，从而提高劳动力的相对价格，改善劳动者的生活状况。当生活状况好转且不指望教区给予救济时，劳动者就会更愿意也更有能力结成互助团体，以备自己或家人生病之需。

最后，针对极度贫困的人，各郡均可设立济贫院，由全国统一征收的济贫税提供经费支持，收容各郡乃至各国的穷人。济贫院中的生活必然是清苦的，凡有能力工作的人都应工作。济贫院不应成为困难时期过舒服生活的避难所，而应是减轻极度困苦之地。可多建一些济贫院。在济贫院中，无论是本国人还是外国人，任何人均可全天工作并按照市场价格获取报酬。毫无疑问，人若想行善，机会还是很多的。

上述计划似乎最能增长英国普通民众的幸福总量，而实施计划的第一步就是废除所有现行的教区法。唉，根除贫穷超越了人类的能力范围。我们徒劳无益地企图做本质上根本不可能达成之事，不仅牺牲了有可能获得的利益，而且牺牲了有把握获得的利益。我们告诉民众，如果服从暴虐的法规，他们就将永远免遭匮乏之苦。然而，他们服从了法规，履行了他们应尽的义务，而我们却没有、也无法履行我们的义务。穷人牺牲了宝贵的天赋自由，却没有得到任何可称为等价回报的东西。

所以，尽管英国颁布了《济贫法》，但我认为，必须承认，从城市和乡村下等社会阶层的整体情况来看，他们因食物匮乏、劳动艰苦和居住环境恶劣而遭受的困苦，必定会持续不断地抑制人口的增长。

在所有历史悠久的国家，除了上述抑制人口的两大因素，即我所称的预防性抑制和积极性抑制外，可能还有对妇女的不道德习俗、大城市的发展、有碍健康的制造业、奢侈、瘟疫和战争等因素。

所有这些抑制因素都可归结为贫困和罪恶两大类。每当这些因素受到极大的削弱时，人口便会较为迅速地增长。这充分表明，它们正是现代所有欧洲国家人口增长缓慢的真正原因。

本章导读

本章与上一章一样，是本书的另一个核心章节，继续阐释了抑制人口增长的另一种模式，即积极性抑制。所谓积极性抑制，是指通过提高人口死亡率，减少人口数量，诸如通过儿童营养不良、战争、饥荒、疾病以及瘟疫等办法使得死亡人口大幅增加，从而减少人口数量，维持人口数量和生活资料之间的适当比例。如果说预防性抑制是让人不生，即“为生而不生”，那么，积极性抑制是让生人死亡，即“为生而死”。与预防性抑制相比，积极性抑制多与罪恶和贫困有关。马尔萨斯认为，预防性抑制的作用是清晰的，因为（在避孕手段效用不强的情况下）有婚必有育，有育必有人口增长；相反，积极性抑制的作用边界并不清晰和明显，且无足够资料能说明它的“强度与范围”。尽管如此，因食物匮乏和照料不足而陷入困境、死亡的事例在城市和农村都普遍且大量存在，而这对人口增长的抑制也是一种普遍存在的客观事实。此外，马尔萨斯还提及抑制人口增长的其他因素，包括“对妇女的不道德习俗、大城市的发展、有碍健康的制造业、奢侈、瘟疫和战争等”，而这些都可归结为“贫困与罪恶”。他认为，当这些抑制因素的作用被极大地削弱时，人口便会较快地增长。因此，人口被压低到与生活资料保持平衡的水平，是社会强有力的抑制的结果。

将本章和上一章结合来看，马尔萨斯认为，作为限制人口增长的重要手段，预防性抑制优于积极性抑制，主张采用预防性抑制来限制人口的快速增长。“既然按照自然法则，人口的增长总要受到某种抑制，那么，与其鼓励人口增长，然后让食物匮乏和疾病对此加以抑制，不如从一开始就让对自己养家糊口的担忧和对自己丧失自立能力而陷入贫困的担忧来加以抑制。”马尔萨斯并不主张采用“积极性抑制”模式来减少人口；关于这一点，1824 年刊于《大英百科全书》增刊上的《人口原理》节本中有清晰的阐释，认为“只有预防性抑制，才能取代因人口的过快增长而带来的巨大的苦难和大量的死亡”。与罪恶相比，贫困对人口增长的抑制最强有力，也是最不道德的：“饥饿是自然抑制过剩人口的最不适当、最可怕的方式”，“是一种一刹那也不容许的思想”，尽管由于社会的不可完善性，罪恶和贫困是不可能被根除的。

正因他认为“为生而不生”优于“为生而死”，也正因他认为贫困是一种罪恶，马尔萨斯旗帜鲜明地抨击了《济贫法》。尽管并不否认该法的慈善目的，但他认为，《济贫法》会带来一系列的恶果：使“穷人的生活状况趋于恶化”，让人变得更加懒散和堕落，推升食物价格上涨并降低劳动力的实际价格。这既会使只拥有劳动力的阶层陷入贫困，而且更为可怕的是，它在蚕食甚至消除英国人的自立精神，形成专制暴虐的暴政，进而让更多的民众陷入贫困。因此，必须消除《济贫法》，对开垦新地给予奖赏，并通过济贫院这一兜底机制来解决极度贫困之人的生活困境。

在这里，马尔萨斯与他同时代的很多上等社会阶层人士一样，不经意但却明白无误地流露出对下等社会阶层或贫困阶层的鄙视和不屑。在强烈抨击《济贫法》的过程中，他说：“济贫院收容的人并非是最有价值的社会成员，但他们消费的食物却会减少本应属于更加勤奋、更有价值的社会成员的食物份额”。实际上，马尔萨斯反对《济贫法》的一个重要目的或许是，该法规让这些“不够勤奋”的人变得更懒，由此使勤奋的人陷入贫困，毁坏英国的自立和理性价值观。他所没有考虑到的是，这些并非“最有价值”的人是如何陷入这种困境的呢？这不由得让人联想起 19 世纪末兴起、20 世纪前期在美国盛行的优生学。这场运动虽然对于美国社会及人口都做出了积极的回应，但它所宣扬的观念及其具体实践都融入了当时社会盛行的种种偏见，贫民等底层人士是优生学家们最为忧虑的对象，是属于“有缺陷的社会人群”，他们“可怕地拖累了我们的文明”，是“给社会带来负担的寄生者”。我们不知道，在马尔萨斯的潜意识中，当时英国的穷人是否也属于这类人呢？

在积极性抑制之后，他还提出了一个规律性的结论：人口的增长为生活资料所限制。只要生活资料增长，人口一定会增长，当超出了物质资料所能维持的最大限度时，就必然会出现通过两种抑制而将其稳定在合理范围内的情况，并不断循环，进而形成人口的波动规律。

第六章

新殖民地——其人口迅速增长的原因——北美殖民地——美洲腹地殖民地人口异常增长的实例——即便是古老的国家也可以从战争、瘟疫、饥荒和自然灾害的破坏中迅速恢复过来

人们普遍注意到，在所有幅员辽阔、食物充足、有利于健康发展的新殖民地，人口均以惊人的速度持续不断地增长。古希腊时期，部分希腊的殖民地在很短的时间里，人口数量和国家实力就超过宗主国；近代，欧洲人在新世界的殖民地的情况也充分证实了这一点；据我所知，这一判断的真实性还从未受到过质疑。在殖民地新开辟之时，只需付出极低的代价，甚至无须付出任何代价就可获得大量肥沃的土地。新土地的开垦是促使人口增长的一个强有力的因素，足以克服其他一切障碍。

宗主国的暴政、迷信和恶习传入殖民地，对其进行残暴统治。可能没有哪个殖民地比西班牙在墨西哥、秘鲁和基多的殖民地的管理更糟糕了。王国政府征收过高的赋税，对贸易实行各种极其专横的限制；殖民地的总督们也为他们自己和主子大肆敲诈和勒索。然而，即便如此，殖民地的人口依然迅速增长。据乌洛亚[①]说，征服后建立的利马市，在 50 年前已有 5 万名居民；

① 安东尼奥·乌洛亚（Antonio de Ulloa，1716—1795），西班牙将军、探险家、作家、天文学家。

基多原来不过是印第安人的一个小村庄，但在他生活的年代，其人口也同样稠密；据说墨西哥有10万名居民。虽然西班牙人可能有所夸张，但据估计也是蒙特祖玛时代①人口的5倍。

葡萄牙人对巴西这个殖民地的统治几乎同样暴虐。不过，据估计，30年来，那里已有60万名欧洲血统的居民。

荷兰和法国的殖民地处于一些贸易商的垄断公司的统治之下。正如亚当·斯密博士所言，这种统治可能是所有统治模式中最糟糕的一种；但是，即便在此种不利的条件下，附属国的人口仍保持繁荣兴旺的态势。

与其他殖民地相比，迄今为止发展最迅速的无疑还是英国在北美的殖民地，即现在强大的美国。除了与西班牙和葡萄牙等国的殖民地一样，拥有广袤且肥沃的土地外，美国还享有较大程度的自由和平等。虽然它在对外贸易方面也受到某些限制，但在处理自己的内部事务方面拥有完全的独立权。盛行的政治体制有利于财产的转让与分割；地主若未在限定的时期内耕种自己所有的土地，（官方）就会宣告将土地的拥有权转让给其他任何人。宾夕法尼亚州不存在长子继承制，在新英格兰各州的长子也只能继承双份的财产。所有的州不仅都不征收什一税，而且几乎不征收任何税赋。土地肥沃但价格却极其低廉，没有什么比投资于农业更有利可图的了。农业不仅可为个人提供最大数量且有益于健康的工作岗位，而且向社会提供大量最有价值的农作物。

所有这些有利于人口繁殖的因素相叠加，推动了北美殖民地人口以前所未有的速度迅猛增长。我们看到，美国各州人口在25年内都翻了一番。1643年，最初在新英格兰四州②定居的居民人数为21 200人［这些数据援引自普赖斯博士③的《有关恤金赔付的意见》（1771）两卷本，他引用了斯泰尔斯博士④编写的小册子，但我身边没有这本小册子］；其后，据说离开那里的人数

---

① 蒙特祖玛二世（Moctezuma Ⅱ，1460—1520），是第九任特拉托尼，古代墨西哥阿兹特克帝国特诺奇蒂特兰城的君主。在他统治时期，中美洲的土著文明和欧洲人第一次发生了接触。他曾一度称霸中美洲，最后却被西班牙征服者埃尔南·科尔蒂斯所征服，导致阿兹特克帝国灭亡。

② 新英格兰四州指当时美国哈得孙河东面的康涅狄格州、罗得岛州、马萨诸塞州及新罕布什尔州。

③ 理查德·普赖斯（Richard Price，1723—1791），威尔士道德哲学家、传教士和数学家。

④ 以斯拉·斯泰尔斯（Ezra Stiles，1727—1795），美国教育家、神学家和作家。

超过进入那里的人数；1760 年，新英格兰地区的人口增长到 50 万，说明那里的人口始终是每 25 年增长一倍。在新泽西，人口倍增似乎只需 22 年；而在罗得岛，人口倍增所需的年限更短。在内陆各州，居民一心向农、不知奢华，每 15 年人口就会增长一倍，是人口增长最特殊的一个例子。在人们最先居住的沿海地区，人口倍增的时间约为 35 年；而在另外一些沿海市镇，人口增长则完全处于停滞状态。

（在这类事例中，土地的出产能力似乎可完全满足人类对食物的需求，但如果我们由此认为，人口和食物以相同比率增长的话就大错特错了。人口仍然按照几何级数增长，而食物仍然按照算术级数增长，即前者按照乘法运算规则增长，而后者按照加法运算规则增长。在人烟稀少但土地充盈肥沃之地，土地每年增产粮食的能力就像一个有涓涓细流不断供水的大蓄水池。人口增长得越快，取水的人手就越多，从而每年取走的水也就不断增多。毫无疑问，长此以往，蓄水池很快就会枯竭，只剩下涓涓细流。如果所有土地均逐渐被开发利用，直到一切肥沃之地均被人占有，不再有新地可供开垦，则这涓涓细流也将逐渐枯竭。那么，每年粮食的增产量就取决于对土地的改良。而如能继续得到粮食供应，人口还会以无穷的活力持续增长；且一个时期的人口增长可为下一个时期更大的增长提供动力；这是没有任何限度的。）

上述事实似乎都表明，人口增长与阻碍其增长的两大抑制因素（即贫困和罪恶）被消除的程度密切正向相关；人口增长速度可能是衡量人民幸福和淳朴最精准的指标了。城市（某些人由于职业性质而被迫迁居于此）较差的卫生条件本身就是一种贫困；因预计到将来养家糊口的困难而可能对结婚产生的各种哪怕最细微的阻碍，也应算作是贫困或罪恶的作用。我们很难想象，有哪一类因素对人口增长的抑制不能归结为贫困或罪恶的范畴。

据估计，美国 13 个州在美国独立战争前的人口总量仅约为 300 万；移居美国的少数英国移民极大地推动了这个殖民地国家人口如此快速地繁衍；而令人意想不到的是，这个宗主国的人口现在却有所减少。大家都认为，一定程度的移民会促进宗主国的人口增长；值得一提的是，西班牙移居美国人口最多的两个省，人口的确大为增长。不管导致北美殖民地人口迅猛增长的英国移民最初有多少人，我们都要问：为什么在英国，同样的人数在同一时期没有推动人口以同样的速度增长？一个重要且显而易见的原因是，土地和食物的匮乏（即贫困），对于人口增长的抑制，它的作用要比罪恶强大得多。这充分表现在：甚至一些古老的国家也能很快地从战争、瘟疫或自然灾害的破坏中恢复过来，且可在较短的时间内再度兴起，所带来的人口结果也如同预期——只要居民的勤劳未被恐惧和暴政所毁灭，生活资料的供给很快就会超过因战争等灾害而减少的人口的需求，从而必然导致曾经几乎不变的人口出现快速的增长。

土地肥沃的佛兰德斯省①常常发生最具破坏性的战争，但经过几年的休养生息，又像以前那样物产丰富、人口众多了；甚至巴拉丁领地在遭遇路易十四残暴的掠夺之后也再度兴起；1666 年伦敦黑死病肆虐，但 15～20 年后，其影响就无处可寻了。另据记载，中国和印度发生的一些最具破坏性的饥荒，痕迹很快也消失殆尽。土耳其和埃及是否因周期性地发生黑死病而导致土地荒芜、人口大为减少尚存在争议。如果它们的现有人口比过去少，那么，与其说是因为黑死病造成的损失，不如说是因为政府的专横和压迫（人们在这种专制政治下呻吟），以及农业由此受到损害而造成的损失。最可怕的自然灾害（如火山爆发和地震）若非频繁发生，以至居民不得不迁移或损害他们的勤勉精神，那么，对任何国家的平均人口而言，其影响都是微弱的。那不勒斯和维苏威火山地区虽经常发生火山爆发事件，但其人口依旧非常稠密；目前，里斯本和利马的人口几乎也与上次地震前差不多。

本章导读

在这一章，马尔萨斯将目光转向殖民地，尤其是北美殖民地人口的增长问题。在此，他再次间接地论证了他关于预防性抑制优于积极性抑制的论点；重申了贫困和罪恶是抑制人口增长的手段，而人口增长速度可被视为测量人

① 西欧历史地名。

民幸福和淳朴程度的精准指标。

利用本杰明·富兰克林提供的美国数据，马尔萨斯断言，人口每25年就会翻一番，而在某些地方，增速可能还要更快，因为他选择了相对保守的数字。在富兰克林的报告中，某些村庄的人口只需15年就能翻一番。这是因为，在北美和南美这片广袤之地，幅员辽阔，食物充足，人口必然会以惊人的速度持续增长；而且，北美的土地制度、长子继承制等制度因素也是促进人口快速增长的要因：不仅直接影响到土地的开发利用和生活资料的产出，而且影响到基本的价值观（即自立和勤奋）；进而，不同的制度带来不同地区人口倍增所需的时间不同：虽然不同地区，人口倍增的时间不同，但在一心向农、不求奢华的内陆地区，人口倍增的时间只有15年，而在部分沿海地区，倍增时间也仅为35年。

与此同时，为什么英国的人口没有相应地增长呢？主要原因在于土地和食物的匮乏——贫困对人口增长的抑制作用，远比战争、瘟疫、饥荒等罪恶因素要大得多，因为“甚至一些古老的国家也能很快地从战争、瘟疫、饥荒和自然灾害的破坏中恢复过来，且可在较短的时间内再度兴起”。故此，通过比较殖民地和宗主国之间人口增长的差距，马尔萨斯再次间接地证明了预防性抑制的作用。如果一个国家现在的人口比以往少，其主要原因一定是政府的专横和压迫，以及农业由此而受到损害，造成生活资料的减损。

即使遭遇最具破坏性的战争，经过几年的休养生息，也可恢复到以往的繁荣景象。中国历代更替，几乎均伴随着战争，但随后由于精兵简政、重视农业生产、减免税费，又出现了繁荣盛世。即使流行再难治愈的疾病，不出20年，其影响也会无处可寻。黑死病、霍乱、天花以及近期的“非典”，虽然患病者无数，但“对任何国家的平均人口而言，其影响都是微弱的”。即使发生最具破坏性的饥荒，其影响也会很快消失殆尽。在英国统治期间，印度遭受了无数次严重的饥荒，最严重的一次使当时孟加拉的人口减少了三分之一，尽管如此，印度依旧是现在人口最多的国家之一。即使一地区经历最可怕的自然灾害（如火山爆发、海啸、地震），其人口也可能依旧稠密，与灾害前相差无几。由此，证实了他关于预防性抑制优于积极性抑制的观点。

第七章

导致流行病蔓延的一个可能的原因——苏斯米尔希先生编制的统计表的摘要——可以预料在某些情况下会周期性地爆发疫病——任何国家短期内的出生数与埋葬数之比都不是衡量人口实际平均增长幅度的恰当尺度——衡量人口持续不断增长的最佳尺度——生活非常节俭是中国和印度发生饥荒的原因之一——皮特先生的《济贫法》中有一条款具有有害倾向——促使人口增长的唯一恰当的方法——国民幸福的原因——饥荒是自然抑制过剩人口的最后、最可怕的方式——三个命题均被认为已成立

由于十分注重卫生条件的改善，伦敦似乎终于彻底消灭了黑死病①，但人口稠密和食物的不卫生和不充足，可能是出现疫病流行季节和各种流行病的次要原因。苏斯米尔希先生②研究了普鲁士王国和立陶宛公国的出生、埋葬和结婚数据，并编制了一些统计表。这些统计表都得到人们的高度认可；我也看过这些统计表。普赖斯博士在关于英格兰和威尔士人口论的跋文中也曾加以摘录。如果它们具有普遍意义，那就很能说明各国抑制人口、防止人口的

① 黑死病（“Black Death”），蔓延欧亚两洲的鼠疫。第一场鼠疫于542—543年发生在君士坦丁堡，第二场鼠疫开始于1346年，于1352年消退。

② 约翰·彼得·苏斯米尔希（Johann Peter Süssmilch，1707—1767），德国新教牧师、统计学家和人口统计学家。

增长超越其生活资料的增长的种种方式。下面我将从这些表中摘录出其中的一部分，并援引普赖斯博士的评论。

普鲁士王国和立陶宛公国

年平均	出生数	埋葬数	结婚数	出生数与结婚数之比	出生数与埋葬数之比
到1702年的10年间	21 963	14 718	5 928	37比10	150比100
到1716年的5年间	21 602	11 984	4 968	37比10	180比100
到1756年的5年间	28 392	19 154	5 599	50比10	148比100

注意，在1709年和1710年，该国居民中共有247 733人患瘟疫死亡，在1736年和1737年，传染病的流行又阻碍了人口增长。

值得注意的是，出生数与埋葬数之比在大瘟疫发生后的5年内最大。

波美拉尼亚的荷兰人

年平均	出生数	埋葬数	结婚数	出生数与结婚数之比	出生数与埋葬数之比
到1702年的6年间	6 540	4 647	1 810	36比10	140比100
到1708年的6年间	7 455	4 208	1 875	39比10	177比100
到1726年的6年间	8 434	5 627	2 131	39比10	150比100
到1756年的6年间	12 767	9 281	2 957	43比10	137比100

在这一案例中，在56年的时间内，居民的数量几乎增长了一倍，没有极其严重的流行病妨碍人口增殖，但在紧接最后一个时期之后的3年（到1759年），疾病大为流行，以致出生数减至10 229人，而埋葬数则增长到15 068人。

在这种情况下，居民人数的增长难道不能比维持健康所必需的食物和住房的增长更快吗？基于这一假设，大部分人不得不过着更加艰苦的生活；更多的人将会拥挤在一个狭小的居所中，这种情况当然应是那3年疾病流行的自然原因之一。尽管绝对而言，该国的人口可能并非非常拥挤和稠密，但同样也会产生类似的结果，带来瘟疫肆虐、疾病流行。即便一个国家人口稀少，但如果人口在食物增长和房屋增建前就开始增长，则在某种程度上，居民必然也会因缺少房屋和生活资料而陷入不幸。假如在以后的8～10年间，英国在婚者的生育率提高或结婚人数上升，而住房数量保持不变，则一间小屋就不是住五六个人的问题，而是要住七八个人的问题了。在这种情况下，人们的生活必然更加艰苦，从而很可能会对普通民众的健康产生极其不利的影响。

勃兰登堡的诺伊马克

年平均	出生数	埋葬数	结婚数	出生数与结婚数之比	出生数与埋葬数之比
到 1701 年的 5 年间	5 433	3 483	1 436	37 比 10	155 比 100
到 1726 年的 5 年间	7 012	4 254	1 713	40 比 10	164 比 100
到 1756 年的 5 年间	7 978	5 567	1 891	42 比 10	143 比 100

1736—1741 年 6 年间传染病的流行阻止了人口增长。

马格德堡公国

年平均	出生数	埋葬数	结婚数	出生数与结婚数之比	出生数与埋葬数之比
到 1702 年的 5 年间	6 431	4 103	1 681	38 比 10	156 比 100
到 1717 年的 5 年间	7 590	5 335	2 076	36 比 10	142 比 100
到 1756 年的 5 年间	8 850	8 069	2 193	40 比 10	109 比 100

1738 年、1740 年、1750 年和 1751 年，疾病格外流行。

如果读者想获得更多有关这个问题的资料，请参阅苏斯米尔希先生编制的那些统计表。我所做的摘录已足以说明，流行疾病周期性地发生；尽管这种周期并无规律可循，房屋和食物的匮乏极有可能是其主要原因之一。

从上列各表看来，古老国家虽然不时遭遇流行疾病的折磨，但其人口仍快速增长。其背后的原因是，耕作技术必定得到改进，结婚受到鼓励。这些时期对人口的抑制与其说是预防性的控制，毋宁说是积极性的控制。对任何一个国家而言，当人们估计生活资料会日益丰富、抑制人口增长的压力在某种程度上得到消除时，这种动机将持续发生作用，其效用可能超过当初推动人口增长的作用。更详细地说，当一个国家物质资料的产出不断增长，对劳动力的需求也会不断增长，劳动者的生活状况相应得到改善，从而鼓励人们步入婚姻。也许，早婚习俗会在该国人口增长超过物质资料的增长前一直延续下去，由此自然而然且必然带来季节性流行病的发生。因此，我认为，与那些人口增长与生活资料增长相适应的国家相比，那些生活资料不断积累、足以推动人口增长却不能满足人口各种需求的国家，会更多地遭受周期性流行病的折磨。

从反面来看，这一推断或许同样是正确的。在其他条件相同的情况下，受各种周期性疾病侵袭的国家在周期的间隔期，人口的增长或出生数超过埋葬数的数值常常大于较少遭受这种侵袭的国家。虽然土耳其和埃及在17世纪的平均人口几乎固定不变，但在周期性黑死病爆发的间歇期，其出生数超过埋葬数的比例必定会大于法国和英国等国。

因此，以一个国家5～10年间出生数与埋葬数的均值之比作为判断其人口实际增长的尺度，似乎很不恰当。虽然这种比较确实表明了这5年或10年间的人口在增长，但我们不能由此推断20年以前增长了多少，或20年后将会增长多少。普赖斯博士说，瑞典、挪威、俄国和那不勒斯王国的人口都在快速增长，但他从户籍登记簿摘录的资料时间不够长，故无法证实他的判断。虽然瑞典、挪威和俄国的人口实际上的确在增长，但其增长率并非普赖斯博士摘录的短时期内出生数与埋葬数之比可以证明的（参阅普赖斯博士的《观察》卷二，关于英格兰和威尔士人口论的跋文）。在到1777年为止的5年间，那不勒斯王国出生数与埋葬数之比为144∶100；但是，我们有理由认为，这个比例所表示的人口增长率，远远大于该国100年间的实际人口增长率。

肖特博士[①]比较了英国许多村庄和集镇在两个不同时期的户籍登记簿；第一个时期是从伊丽莎白女王到17世纪中叶，第二个时期是从17世纪末期的若干年到18世纪中叶。比较结果显示，在前一个时段，出生数与埋葬数之比为124∶100，而在后一时段，该比例降至111∶100。普赖斯博士的解释是，前一时期户籍登记簿的信息并不可靠，但我们认为，这个例子中的比例或许并非不正确；至少，我们有多种理由相信，前一时期出生数超过埋葬数的幅度会大于后一时期。在任何一国的人口自然增长的过程中，若其他条件相同，早期投入耕作的肥沃的土地总是多于后期。（我之所以说“若其他条件相同”，是因为任何一国物质资料的增长，往往在极大程度上依靠当时流行的勤勉精

① 威廉·肖特（William Short，1759—1849），商人，外交家。

神及其所受的引领。人民的知识、习惯和其他临时性因素，特别是当时公民享有自由和平等的程度，对这种精神的激发和引领常常作用甚大。）物质资料的年增长幅度越大，人口增长的幅度也一定会随之加大。

除这一重大原因会使伊丽莎白女王末期出生人口与埋葬人口的差额大于18世纪中叶的相应数值外，我还进一步认为，前一时期不时发生的黑死病，也很可能在一定程度上具有提高这一比例的趋向。如果从发生这种可怕的灾难的间歇期的统计中选取10年的均值或将发生黑死病视为偶发事件而将其流行的年份排除在外的话，户籍登记簿所给出的出生数与埋葬数之比就必然会过高，不能反映人口的实际平均增长情况。在1666年发生严重的黑死病后的一些年份中，出生数与埋葬数的差额很可能大于平常的年份；若普赖斯博士的观点能够成立，则在黑死病之后22年爆发的英格兰革命时期的人口就要多于现在的人口。

1693年，金先生[①]说，除伦敦以外，英国全国的出生数与埋葬数之比的均值为115∶100。肖特博士提出，18世纪中叶，包括伦敦在内的英国的这一比例为111∶100；1770—1774年，法国的这一比例为117∶100。如若这些数据接近事实且在一些特定时期该比例没有很大变动，则可推断，法国和英国的人口与各国生活资料的平均产量基本趋于均衡。结婚所受到的阻碍以及由此产生的各种恶习、战争、奢侈、未被关注但确凿无疑的大城市人口减少、住房狭窄及贫民食物的匮乏，都阻止了人口的增长超过生活资料的增长。因此，如果我用一种听起来必定会使人感到奇怪的说法来描述这种情况的话，那就是，无须由严重且富有破坏性的瘟疫来抑制过剩人口。如果破坏性很强的黑死病杀死了200万英国人，杀死了600万法国人，则毫无疑问，当两国的居民从这种令人毛骨悚然的打击中恢复过来后，各自的出生数与埋葬数之比会大大超过现在的出生数与埋葬数之比。

在美国的新泽西州，在1743年前的7年间，出生数与死亡数之比平均为300∶100；而在法国和英国，其最高比例仅为117∶100，差异之巨大令人惊

---

① 格里高利·金（Gregory King，1648—1712），英国系谱学家、雕刻师和统计学家。

讶。但是，我们大可不必如此，也不必认为这是上天不可思议干涉的结果。其原因并不那么遥远、隐晦和神秘；它就在我们的近旁，在我们周围，任何有探索精神的人都可以研究出来。设想没有造物主力量的直接作用，石头就不能落下，植物就不能生长，这是符合最自由的哲学精神的。但是，我们从经验中得知，人们所谓的自然界的这种作用几乎一律要遵循固定的法则。自开天辟地以来，人口的增减或许同我们所熟知的任何自然法则一样，是恒定不变的。

两性之间的情欲在任何时代似乎都是相同的，用数学术语来说，它可被视为一个已知变量。阻碍任何一国的人口增长超过其物质资料生产的伟大、必然的法则，在我们的视域中是这样清晰，在我们的知性中是这样明显，又这样充分地为一切时代的经验所证实，以至我们不能对它有片刻的怀疑。的确，在我们看来，自然界用来防止或抑制人口过剩的各种方式并不明显和有规律可循；不过我们并非总能预言其方法，但对其事实总可言之凿凿。倘若一国在某段时期内出生数与死亡数之比表明，人口的增长大大超过该国物质资料的增长，我们便可确切断言：除非移民，否则死亡数会迅速超过出生数；我们还可断言：这几年人口的增长不能代表该国人口的实际平均增长水平。如果不存在其他一些减少人口的原因，该国无疑会发生周期性的瘟疫或饥荒。

衡量任何国家人口实际而持续不断增长的唯一正确尺度，是生活资料的增长；即便该尺度也常常会发生某些微小的变动，但我们却可以观察到这种变动。在某些国家，人口的增长似乎是被迫的。它们的人民已逐渐习惯于依靠最低限度的食物来维持生存。这类国家很可能有过人口持续增长但生活资料却无相应增长的时期。处于这种状态的国家必然会常常发生饥荒。当其人口总量相对于生活资料而言如此之多，以至后者的平均产量仅足以维持居民的基本生存时，时令不好所造成的任何食物短缺都必然会带来严重的后果。在某种程度上，印度人非常节俭的生活习惯对饥荒的发生起到了推波助澜的作用。

如今，美国劳动力的报酬很高；遇到荒年，下等社会阶层人士只需节衣缩食，节省开支，就不会陷入极大的不幸之中，故美国几乎不可能发生饥荒。

可以预料，随着美国人口的增长，劳动力的报酬将大大降低。在此情此景下，人口将持续不断地增长，而生活资料却不会按比例增长。

在欧洲，由于各国的生活习惯不同，其居民人数与食物消费量之比也必然会有所不同。英格兰南部的劳动力习惯于食用精致的小麦面包；只有在饿得半死不活时，他们才肯过苏格兰农民那样的生活。由于严酷的必然法则持续不断地发生作用，他们也许最终不得不过几近饥荒的生活；那时，同等数量的食物就可供养更多的人口。但是，要做到这一点无疑是极其困难的，一切人类之友都不希望这种情况发生。

应鼓励人口增长的说法不绝于耳；但是，尽管频频受到鼓励，而我所描述的可能显著的增长并未出现，这就难免有点不可思议了。预期的增长没有出现的真正原因在于，在提出鼓励人口增长的要求时，并未相应地准备好供养新增人口所需的物质条件。如果通过对农产品的改良或土地的改造，可提高生活资料的产出、改善劳动者的生活状况，就完全不必担心人口的增长问题，但以其他任何方式实现人口增长的尝试都是不道德、残忍和暴虐的；实际上，在任何有一定自由的国度，这都是不可能成功的。国家的统治者和富人也许对促进人口增长都很感兴趣，以便降低劳动力的价格，进而降低海军和陆军的费用以及在海外销售的产品成本。对于这一尝试，特别是当该尝试戴着伪善的面具并被普通老百姓兴致勃勃、诚心诚意地接受的时候，真正关心贫民利益的君子们必须留心观察，全力抵制。

我确信，皮特先生的《济贫法》中关于有三个以上子女的一切劳动者，每星期都可各领一先令救济金的条款并无任何恶意；我也承认，在该法案提交国会前后的一段时间内，这是一个很有用的法案。但是，在对这个问题做进一步的反思后发现，它没有任何改善整个国家物质资料生产的趋向。倘若该法案的效用仅仅是推动人口的增长，而非物质资料的增长，则一个无法规避的必然结果就是，相同数量的物质资料必须在更多的人口中进行分配，一天的劳动也只能换得较少的食物。因此，我相信，若该法案的目的旨在改善贫民的生活状况，则其预期目的绝不能实现；相反，一般情况下，贫民的生活可能会更加困苦。

我已经谈到，在某些情况下，即便生活资料不按比例增长，人口也可持续不断地增长；但显而易见的是，各国的食物和食物所能供养的人口之间的差距有一个不可逾越的限度。对任何一个国家而言，若非其人口在绝对减少，否则其食物供给就必须能满足劳动者的需求，并使之可繁衍生息。

在其他条件相同的情况下，可以断言，一国人口的数量随其所生产的食物的数量而定，而该国人民的幸福则取决于食物分配的宽裕程度，或取决于一天的劳动所得所能换得的食物数量。一般而言，产玉米之国的人口会多于畜牧之国，而产米之国的人口又会多于产玉米之国。英国的土地不宜种稻，但可种植马铃薯，故亚当·斯密博士认为，若马铃薯能成为广大民众喜爱的植物性食物，且种植马铃薯的土地与现在种植谷物的土地一样多，则英国就能够维持比现在多得多的人口，进而导致在很短的时间内人口的大幅度增长。

一个国家的幸福并非绝对取决于其富裕程度、历史的长短和人口的疏密，而取决于其发展速度，取决于每年有限的食物增长与无限的人口增长之间的差距。在一些新的殖民地，食物的增长和人口的增长最为接近，因为宗主国的知识、技术和产业能在新殖民地肥沃但未被占用的土地上发挥更大的作用。在另一些情况下，国家历史的长短并不十分重要。比如，大不列颠居民现在分得的食物也许与两千年、三千年或四千年前的一样充足。我们还有理由相信，贫瘠而人烟稀少的苏格兰高地与丰饶而人口众多的佛兰德一样，深受人口过剩之苦。

假如某个国家从未遭受过技术更为先进的民族的侵略，其文明得以自然发展，则从其物质资料的产出可被视为一个单位的时候开始，到其物质资料的产出可以以 100 万个单位计算时为止，在这几百年的时间中的任何一个时期，其民众都可能没有摆脱直接或间接由食物匮乏带来的困苦。欧洲各国自有史以来，已有千百万人受到食物匮乏的抑制，尽管其中某些国家从未发生过极为严重的饥荒。

饥荒似乎是大自然最后、最可怕的抑制人口增长的手段。人口的增殖力远远大于土地出产人类所需的生活资料的能力，故人类必然会因种种原因而过早地死亡。人类的各种罪恶积极且有效地对人口增长起到抑制作用；它们是破坏大军的先锋，且常常自行完成这种可怕的行为。假若它们在毁灭人口的战争中失利，流行病、瘟疫、传染病和黑死病等就会接踵而来，以更为恐怖的形式对人类发起攻击，成千上万的人因此丧命。如果瘟疫尚不能完全成功，严重而不可避免的饥荒就会从背后悄悄走近，以最强有力的一击，使世界的人口与食物达到均衡。

因此，凡是对人类生活的历史进行过细心考察的人都必须承认：在人类曾经存在过或依旧存在的任一时代和任一国家，人口的增长必然受生活资料的限制。

当生活资料增长的时候，人口也总是增长。较强的人口增殖力因受到贫困和罪恶的抑制，最后总会达到与生活资料保持平衡的状态。

本章导读

在本章，马尔萨斯首先探讨了衡量人口实际增长的恰当尺度。他认为，“任何国家短期内出生数与埋葬数之比都不是衡量人口实际平均增长幅度的恰当尺度”。在人口真正以几何级数增长之前，不仅“预防性抑制”可以阻断它的增长，而且“积极性抑制”也以最后的手段起作用。显然，马尔萨斯虽然使用了“积极”一词，却并非在表达乐观的概念，因为他所指的这种抑制是提高死亡率。能够“挽救”我们脱离这种几何级数增长的积极力量是什么？是战争、饥荒和瘟疫。黑死病潜伏在每一条小街小巷准备拯救我们，婴儿死亡率则把我们从人口过剩中解放出来，而饥荒总是在我们的身边出没。

在马尔萨斯看来，饥荒似乎是大自然最后，也是最可怕的抑制人口过快增长的应对之策。人口增长的力量要远远大于土地为人类提供生活必需品的能力，因而，死亡必然会以这样或那样的形式造访人类。人类的恶行成为减少人口的积极且能干的执行者，它们是破坏大军的先锋，而且往往是自行完成这种可怕的使命。如果人类的恶行在这场消灭人口的战争中失败了，流行病、恶性传染病和瘟疫就会排出骇人的队形向前推进，夺走千万人的生命。如果它们还是不能完全取胜，大范围的、无法避免的饥荒就会从背后悄然而至，以强有力的一击，将世界人口和食物的差距抹平。流行病之所以会肆虐蔓延，一个可能的原因就是人口过剩，由此带来人均食物数量减少、卫生条件恶化、住房紧张。如果一个国家在某段时期内，人口的增长大大超过了粮食产量的增长，则除非进行移民，或存在其他一些减少人口的原因，否则，该国必定会发生周期性的瘟疫或饥荒。

但是，马尔萨斯把一个复杂系统和因此而带来的复杂的问题过于简单化了，人类总是会有自己的调节方式，无须等到饥荒的降临而被动地接受。

进入 20 世纪后半段，特别是 20 世纪 50 年代和 20 世纪 60 年代，世界人口极速增长；但是，很多发达国家在经过了一段时期后，增长率持续下降，有的国家甚至出现人口负增长。其原因既不是马尔萨斯所言的贫困，也不是他所预测的天灾人祸，却与他提出的预防性抑制异曲同工，甚至其背后的原因也十分类似，即人们为了更好的生活而推迟结婚甚至不婚不育。

其次，马尔萨斯还探讨了国民幸福的原因，他曾说："我不同意阿奇迪肯-帕莱所说的，在任何国家，人口数量都是衡量幸福感的最好尺度……的确，人口可能是过去幸福的唯一标志"，但在今天，"一个国家的幸福并非绝对取决于其富裕程度、历史的长短和人口的疏密"。那么，什么是他心目中衡量幸福的最好指标呢？他认为，国民的幸福取决于国家的发展速度，取决于每年有限的食物增长与无限制的人口增长之间的差距。差距越小，则人民会越幸福。

马尔萨斯认为，英国的居民现在分得的食物几乎与几千年前一样充足，人口众多的佛兰德省和人烟稀少的苏格兰高地同样面临人口过剩。尽管宗主国无疑拥有先进的知识、发达的生产技术和完善的工业体系，但仍有大量居民难逃贫困的命运。而在一些新的殖民地，由于土地肥沃且未被占用，其人口增长与食物增长最为接近，人民幸福程度更高。

第八章

华莱士先生——认为人口增长引起的困难遥不可及的观点是错误的——孔多塞先生对人类精神进步的概述——孔多塞先生所说的那种摆动何时适用于人类

对一个考察了人类的过去和现状并得出上述显而易见的推论的人来说，不得不惊讶于这样的发现：所有论述过人类和社会具有可完善性的著者虽然都注意到了人口过剩这个问题，但又常常对此掉以轻心，总认为人口过剩所造成的困难只会在遥不可及的未来发生。就连华莱士先生——虽然认同这一论点的重要性足以破坏他的整个平等制度——似乎也不觉得，在全部土地开垦得像菜园一样，农作物毫无进一步增长的可能性之前，人口过多会造成任何困难。情况若果真如此，美好的平等制度在其他方面又切实可行，那么我们就无须因为预料在遥不可及的未来可能会发生困难而压抑追求这种制度的热情；一件如此渺茫的事情完全可以听天由命。然而，实际情况却是，如果本书提出的论点有充分依据的话，那么，这种困难就并非遥不可及，而是近在眼前、迫在眉睫。如果人人平等，那么，在从现在开始到全部土地变得像菜园一样为止，食物匮乏所造成的困苦将持续不断地强加在全体人民身上。虽然农作物的产量每年都会增长，但人口的增长速度更快，过剩的人口必然会受到周期性的或持续不断的贫困或罪恶的抑制。

据说孔多塞先生在撰写《人类精神进步史纲要》一书时，已被残酷地剥夺了公民权利（到他去世为止）。如果他对这本书能否在他活着的时候出版、能否受到法国的欢迎不抱希望的话，那么，他那样依恋与日常经验完全相悖的原理着实让人困惑。当世界上最文明的国家之一的人文精神，在历经几千年后，竟然也会在恐怖、残忍、恶毒、仇恨、野心、狂热和放荡等哪怕是最野蛮的时代最野蛮的部落都引以为耻的情感的骚扰下堕落，他有关人类精神必然且不可避免地进步的观点就肯定会受到沉重的打击。不管表面上如何淡定，只有对自己原理的真实性抱有坚定不移的信心，他才能够经受住如此沉重的打击。

孔多塞先生的这部遗作只是他整个鸿篇巨制的一个梗概，故必然缺乏可资证明其理论真实性的详细描述及实际应用。如果将该理论应用于实际情况，而非想象的状态，那么只需少许观察便可充分证明，他的理论完全是自相矛盾的。

在这部著作的最后部分，孔多塞先生论述了人类社会在未来将如何趋于完善的理论。他说，若将欧洲各文明国家的实际人口和土地面积加以对比，并同时考察各国的耕作、产业、劳动分工和生活资料等情况，我们将会看到，一个国家若缺乏足够的以辛勤劳作为满足自身需求的唯一手段的劳动者，则它就不能保持与之相称的生活资料，也无法维持与之相称的人口数量。他承认，劳动阶级有其存在的必然性，劳动者的家庭收入很不稳定，他们完全依赖于一家之长的寿命与健康。于是，他很正确地说道："这么一来，不平等、依赖甚至贫困等现象的发生就有其必然的原因，且它们不停地威胁着社会上人数最多、最勤勉的阶级。"（为了节省时间和篇幅，我在这里只给出孔多塞先生某些观点的要旨，希望我没有误解他的意思。但我希望读者参阅原文，它即便不能使你信服，也能使你感到有趣。）他在书中对这种困难做了充分且恰如其分的说明，但他提出的解决问题和克服困难的方法恐难以奏效。根据对人类预期寿命和货币利息的计算，他建议设立一种基金，以保证老年人老有所养；基金的来源一部分依靠老年人自己以前的储蓄，另一部分依靠其他人的储蓄；后者虽然做出了同样的牺牲，但可能在获得储蓄的好处之前就已去世。同样的基金或类似的基金也可用来帮助失去丈夫的妻子或失去父亲的儿女，并向达到成家立业年龄的人群提供足够的资本，使他们能够通过自己的辛勤劳动而得到适当的发展。他建议以社会的名义来筹集基金，并由社会加以监管。进而，他认为，通过正确地运用测算结果，还可以找到其他方法来防止信贷被富商巨贾们所垄断，并为信贷提供同样稳固的基础，使产业发展和商业活动较少地依赖大资本家，从而更加完满地保持平等状态。

这种基金和测算在理论上十分诱人，但一旦被应用于实际生活却毫无价值。孔多塞先生承认，完全依靠勤劳维持生活的阶级是所有国家都必需的。他承认这一点的唯一理由是，如果没有生活必需品的刺激，人们就不会为满足新增人口所需的生活资料而进行相应的劳动。如果对勤劳的刺激因上述制度的建立而消除，如果在信贷及妻儿未来的供养上，游手好闲、懒散疏忽之人与积极向上、辛勤劳作之人的待遇相同，那么，我们怎能期待，人们会发挥自身旺盛的活力来改善他们的生活状况呢？而现在，个体活力的发挥已成为社会繁荣的主要动力。如果设立一个审理机构来审核每个人的需求，判定个体是否尽到了自己最大的努力，并以此来决定是否提供救济，那么，这无异于以更大的规模重复英国的《济贫法》，将完全破坏真正的自由、平等的原则。

即便撇开以上反对这种制度的主要理由，暂且假定它不会抑制生产性的劳动，也还有另一个极其巨大的困难在后头呢。

如果所有的男性都确信，他们有能力给家人提供生活舒适的物品，则几乎所有男性都会成家，而如果下一代能摆脱贫困的“桎梏”或“枷锁”，人口必然会迅速增长。孔多塞先生似乎也充分意识到这一点，故他在论述人类和社会的进一步改善以后说：“但随着产业的发展和幸福的增长，每一代都将要求得到更多的享受；其结果是，人口将因人类体质的改善而增长。由此必然会带来这样一个时期，具有同样必然性的法则相互抵消。如果人口的增长超过生活资料的增长，那么，其必然结果要么是幸福和人口持续减少（这是一种真正的倒退），要么至少是在善恶之间摆动。在已进入这一时期的社会，这种摆动难道不会成为周期性贫困持续发生的原因吗？它难道不是标示出了进一步改善不可能实现的界限，指明了人类的完善虽然经过长久的岁月总会到来，但绝不能超越的时期吗？”他接着补充道：“谁都知道，这样一个时期离我们很远，但我们是否总有一天会到达呢？谁也不能妄加推断，在人类进步到我们现在不能设想的时代才会发生的事情，将来会不会真的发生。”

孔多塞先生恰当地描述了在人口数量超过生活资料时可能出现的情景。他所描述的那种摆动的确会发生，而且无疑是周期性贫困持续存在的原因。我和孔多塞先生唯一的不同在于，这种摆动适用于人类的哪个阶段。孔多塞先生认为，它只适用于极其遥远的时代，而我却认为事实正好相反。如果我所列举的人口自然增长和食物自然增长之间的比例在某种程度上接近事实的话，那么，人口相对于生活资料的过剩时期早已到来，而这种必然发生的摆动（即周期性的贫困）持续存在的原因，自人类出现以来就已存在，现在依然存在；除非人类的本性发生明显的变化，否则还将永远存在。

然而，孔多塞先生继续表示，即便那个非常遥远的时期真的会到来，人类及人类可完善性的拥护者也不必为此而惶恐不安。他提出了一种可使人类摆脱困境的方法——但我必须承认，我对此并不理解。他说，到那时，对于男女乱交或其他反常行为——这些均有利于避孕节育，迷信中的荒谬与偏见将不再从道德层面对它们进行严厉的指责。但是，在大多数人看来，用这种方法摆脱困境，必然有损于美德和淳朴的社会风俗，而美德和淳朴的社会风俗正是平等和人类可完善性拥护者声称要达到的目的和目标。

本章导读

孔多塞（Condorcet，Marie-Jean-Antoine-Nicolas-Caritat，Marquis de，1743—1794），又译康多塞，是18世纪法国最后一位哲学家，同时也是一位数学家，是启蒙运动的杰出代表人物，政治上属于吉伦特派，有法国大革命“擎炬人”之誉。他在《人类精神进步史纲要》一书中提出“人类不断进步”

的历史观念，通过宏观透视人类进步的历史，对人类历史做出了乐观的展望。而且，孔多塞还主张男女平等，把科学看作是人的理性不断改进的工具，宣扬被压迫阶级的解放和所有人的公平正义。

在本章和下一章，马尔萨斯分别驳斥了孔多塞关于人类社会可以无限进步、人类寿命可以无限延长的观点。他为什么要关注孔多塞呢？用他自己的话来说就是，“孔多塞先生的著作所代表的不仅是他自己这位名人的观点，而且更主要的是，它是革命初期许多法国思想家的观点的代表。因此，尽管它只是一个概述，但值得高度关注”。

在人类社会发展的早期阶段，人口稀少、土地广袤，人类发展所面临的主要约束并非“人地矛盾”，而是由人类本身欠发展所带来的行为和认知能力的约束。从欧洲国家来看，真正的“人地矛盾”大概发生在公元 1300—1400 年间。公元 1300 年，西欧的人口猛增到 5 800 多万，人地矛盾迅速激化，由此带来西欧人口的急剧下降，人口出现负增长，即死亡人口多于出生人口；公元 1400 年，西欧人口存量只有 4 100 多万，百年间人口的增长率约为 −29%。

因此，马尔萨斯不像孔多塞那样乐观，在这一章中，马尔萨斯通过对孔多塞关于人类社会终将可以完善的观点的批驳，再次论证了人口快速增长所带来的种种“困难并非遥不可及，而是近在眼前、迫在眉睫”的判断。人口被限定在一定的土地和生活资料的范围内，而一旦人口的数量行将触及生计范围的边界，几乎马上就会受到人类理性和自然非理性的抑制，如罪恶（即资源匮竭、灾荒、饥馑、苦日子、战争、瘟疫）的遏制。在与孔多塞的辩论中，马尔萨斯强调，人口将会不断地超过食物的供给，所以人类进步既不会迅速地也不会无限制地实现。

但是，在过去几个世纪中，我们看到的实际情况是，人类文明的发展进程不断地突破“马尔萨斯陷阱”。在过去的千余年中，世界人口增长了 22 倍，人均收入提高了 13 倍，世界 GDP 提高了近 300 倍，这与此前的那个千年形成了鲜明的对照，当时世界人口仅增长了六分之一，而人均收入并没有任何提高。尤其是第二次世界大战以后，由于农业生产技术的改革，世界粮食产量大幅提高。1950—1984 年，世界粮食总产量从 6.3 亿吨增至 18 亿吨，30 多年间增加了 1.8 倍有余，2011 年继续增加到 23.15 亿吨，是 1950 年的近 4 倍。而在此期间，世界人口分别为 25.1 亿、47.7 亿、69.6 亿，粮食增长速度明显快于人口的增长速度，却没出现马尔萨斯所言的人口危机。

第九章

孔多塞先生关于人类有机体的可完善性和人类寿命的无限延长的推论——以动物的繁殖和植物的栽培为例，说明由界限不能确定的局部改善推测无止境的进步，是一个谬误

孔多塞先生提出的最后一个问题是人类有机体的可完善性。他说，如果人们现有的天赋不变、有机体也不变，已经提出且在发展中可发挥更大作用的各种证据已足以证明，人类具有无限的可完善性，那么，在这种有机体、这些天赋可改善的情况下，事实将会怎样？人们的期望又会达到什么样的程度？

他认为，随着人类理性和社会秩序的进步，医疗技术水平将不断得到改善，人们将食用更卫生的食物，住在更卫生的房间里；人们将遵循较好的生活方式，依靠锻炼增进体力而不因锻炼过度而损害体力；世人堕落的两大原因——贫困和巨富——将被消灭；遗传性疾病和传染性疾病随着生理知识的进步而逐渐消除。他据此推论：人类虽然不能免于死亡，但从出生到自然死亡之间经历的时间将不断增长，而增长的期限无从确定，也许可以用“无限”一词来表示。他界定“无限”这个词有两层意思：一层意思是不断地向一个无限的界限靠近或不断地延长，但永远达不到这一界限；另一层意思是，人

类的寿命可以无限延长，大于任何可以确定的界限。

但是，不论是哪种含义，将“无限”这个词应用于人类寿命的长短，无疑都是极其缺乏哲理且在自然法则中找不到任何根据的。各种原因引起的寿命的变动在本质上与有规则的、有进无退的寿命的延长是截然不同的。从某种意义上讲，人类的平均寿命取决于气候对健康是否有益、食物是否卫生、社会风俗的善恶状况及其他各种因素。但是，从人类有可信的历史记载以来，自然寿命增长的可视性相当值得怀疑。一切时代的成见事实上都正好与这个假设相反；虽然我不愿意过分强调这些成见，但在某种程度上，它们确实证明，人类的自然寿命并未出现明显的增长。

也许有人会说，世界还很年轻，尚处于幼年期，不应该期望它很快就会有明显的变化。

如果事实果真如此，人类科学的一切马上就会终结，从结果到原因的整个推理顺序都会被摧毁，我们可以完全无视自然法则，因为它们将不再适用。最不切实际、最不可能成为现实的推测，可能被人以确凿无疑的口吻提出，就如同在提出一个建立在小心谨慎及反复试验基础之上、论据充分、极其卓越的理论一样。我们可能重新采用过往的哲学研究方法，使事实屈从体系，而不是根据事实来建立体系。牛顿[①]宏大且自洽的理论也将与笛卡儿轻率而古怪的假说相提并论。总之，如果自然法则如此变化无常，如果竟可以断言和相信亘古不变的自然法则将会发生改变，则任何刺激都将不再能激起人类的探究精神，人们必然会停留在呆滞、消极、迟钝麻木的状态之中，或仅以迷人的梦想和狂妄的想象自娱。

一切人类知识的基础在于自然法则的不变性和因果关系的不变性。不过，我绝不是说，制定和执行自然法则的力量不能“在一刹那，在转瞬之间”完全改变自然法则。这种情形显然是可能发生的。我想说的是，我们不能仅仅根据推理的手段来推断这种变化。倘若事先没有任何明显的征兆或迹象表明某种变化将会发生，而我们能够推断这种变化必将出现，那么，就可以随心

① 艾萨克·牛顿（Isaac Newton，1643—1727），爵士，英国皇家学会会长，英国著名的物理学家。

所欲地做出任何判断了。哪怕我们说明天月球将肯定会与地球发生碰撞，就如同说明天太阳将会照常升起一样，也是合理的。

从古至今，似乎没有任何永久性征兆或迹象表明，人类的寿命在不断延长。[①] 有人认为，气候、习惯、饮食及其他因素对寿命长短所产生的显著影响，已向人们提供了可以断定寿命能无限延长的理由。但是，这种议论是建立在如下不稳固的基础上的，即人类寿命的年限是不能明确划定的；由于不能精确地划定它的期限，所以不能确切地说它就是这样长，不能再长；因此，寿命可以永远增长，并且可以被恰当地说是无限的或无所限制的。然而，只要对孔多塞先生所说的各种植物和动物有机体的可完善性或退化（他说，这可以被看作是一般自然法则之一）略加考察，这种论点的谬误和荒唐之处就变得一目了然了。

据孔多塞先生说，家畜改良有一条准则，即你想要多么优良的家畜，就可以繁育出多么优良的家畜；这一准则是以另一准则为依据的，即某些牲畜的后代可以在很大程度上具有其母体的优良品质。著名的莱斯特羊[②]的繁殖，其目的在于缩小羊头和缩短羊腿。根据上述准则，这种羊的头和腿显然应当能够小到近似没有，但这显然是极其荒唐的。据此，我们完全可以肯定：这

① 我不怀疑，许多人会认为：严肃地反驳地球上的人类永生不死，或人类和社会具有可完善性这样极其荒唐的谬论，是在浪费时间和唇舌；置之不理才是对这种毫无根据的臆测的最好回答。然而，我对此有不同看法。如果这种谬论是由智慧之士、自诩悟性极高、见识广博且影响巨大的人提出来的，置之不理就绝不可能使他们认识到自己的错误。如果置之不理，他们会把这看作是同时代的人精神努力贫乏和狭隘的一种表现；并且只会认为，世人尚未做好接受他们的崇高真理的准备。

相反，客观地研究这些问题，并以正确的哲学理论作为依据，也许会使他们认识到，他们提出的不可能实现的、没有根据的假设，非但不能扩大人类科学的范围，反而会缩小它，非但不能促进人类精神的进步，反而会妨碍它；这些假设使我们几乎重新退回到知识的摇篮时代，并不断削弱哲学研究方法的基础，而正是这些方法使得近来科学技术取得了迅速的进步。现在，人们热衷于宽泛而无限制地推测：这种精神狂热或许是由近年来各门科学都有重大且出乎意料的发现所引起的。对由于这种成就而得意忘形的人来说，似乎一切事物都是人类所能掌控的；在这种幻想之下，他们将尚未证实的进步与已取得的显著的、确凿的并得到公认的进步混为一谈。如果他们能够接受劝告，稍做严肃而批判性的思考，使自己清醒过来，他们就会知道，用胡思乱想和毫无根据的臆断代替耐心的研究和经得起推敲的证据，只会损害真理和正确的哲学。

② 莱斯特羊是 18 世纪育成的一个古老的长毛品种，1760 年贝克威选择当地的一种毛粗、白色、个体大、腿粗、体型结构好的绵羊，与一体大而肉用性能好、成熟晚的“体河”羊杂交，经过严格选种、淘汰，再进行近亲繁育而成。

条准则的前提是不能成立的。虽然我们无法看出或准确判断改良的限度，但它确实是存在的。就这个例子来说，最大的改良限度（或最小的头和最短的腿）可以说是难以明确划定的，但这与孔多塞先生所说的无限或无所限制完全是两码事。尽管目前，我不能划出改良所能达到的临界点，但可以毫不费力地指出改良所无法达到的限度——我可以毫不犹豫地断定，即便这种羊的繁殖持续不断地进行下去，它们的头和腿也绝不会像老鼠的头和腿那样短小。

所以说，认为某些动物的后代会最大限度地显现出其母体的优良品质，或说动物具有无限的可完善性，都是不正确的。

由野生植物变成花园中美丽的花卉，也许是比动物界的任何变化都更为明显和惊人的进步，但即便如此，断言这种进步是无所限制的或无限的，也是极其荒谬的。

植物改良的一个最明显的特征是体积增大，如花卉通过栽培，花朵可逐渐变大。但是，如果进步真是无限的，则其体积应当可以无限增大，但这是极其荒谬的。故此，我们完全可以断定——虽然我们不能确切地知道这个限度在哪里——植物的改良如同动物的改良一样，是有限度的。争夺花卉奖的花匠们往往施用效力较强的肥料，但也都没有成功。同样，如果某人说他看见了最美丽的康乃馨或银莲花，那么，他的话可能有夸张的成分。然而，如果他断言康乃馨或银莲花的体积永远不能通过栽培增长到同甘蓝一样大，却不会与未来的事实相抵触，虽然还有比甘蓝大得多的可确定的量。谁也不能说他看见了最大的麦穗或栎树，但他可以很容易且非常肯定地说出，它们所不能达到的某一限度。因此，在所有这些情况下，对于无所限制的进步和只是其限度难以明确划定的进步，我们都应当细心地加以区分。

也许有人会说，植物和动物的体积不能无限增大的原因，是它们会被自身的重量压倒。我的回答是，若不实际体验，我们怎能知道构成它们躯干的力量有多大呢？我知道，在康乃馨的体积增长到像甘蓝那样大以前，它的茎就支撑不了它的重量了；而我知道这一点，只是因为我体验到，康乃馨的茎的质地是脆弱且缺乏韧性的。但是，自然界中有许多像康乃馨的茎一样大小的物质，可以支撑像甘蓝那样大的头状物。

目前，我们还不完全了解植物死亡的原因。谁也不能清楚地解释，为什么有些植物是一年生的，有些植物是两年生的，还有一些植物是多年生的。无论是植物界、动物界还是人类，所有场合的所有事件都取决于经验；正因为一切时代的经验都证明，构成有形人体的那些物质是会死亡的，我也才会断言，人是会死亡的。

我们只能根据掌握的知识进行推理。

在有足够的证据证明，人类的寿命已经延长并且还在明显地向接近无限的程度延长以前，正确的哲学不允许我改变世人都会死亡的观点。而我之所以引用动物界和植物界的两个特殊事例，目的在于揭露和说明（如果我能够）一种错误的论点，这种论点仅仅因为看到了某些局部的、限度不能被精确划定的改进，就推论这种进步是无限的。

谁都不会怀疑，在一定程度上，植物和动物都能得到改良。然而，虽然在这方面已取得显而易见的进步，但如果因此而宣称这种进步是无限的，那就似乎是极其荒谬的。人的寿命虽然由于各种原因而得到很大的延长，但能否据此明确断定，人的躯体自人类世界形成以来得到了根本性的改良仍值得怀疑。因此，支撑人类有机体可完善性的论据是非常脆弱的，只能被视作是一种臆断。不过，通过关注生育，人类在一定程度上发生类似于动物界的那种改良也不是不可能的。智力能否遗传或许是一个疑问，但身材、力量、美貌、气质乃至寿命却在一定程度上可以遗传给后代。谬误并不在于假设较小的改良是可能的，而在于未区分限度难以确定的小规模的改良和真正无限的改良。然而，若不禁止劣等人结婚，人类便不能以这种方式得到改良，也不可能普遍关注优生交配。事实上，就我所知，除了比克斯塔夫[①]人外，尚没有目标明确的这方面的尝试。据说，比克斯塔夫族人通过审慎的婚配，特别是与挤奶女工非常明智的“杂交”，成功地使他们的皮肤变白、身材变高，从而矫正了族人体格上一些极其严重的缺陷。

我认为，不必为了更加彻底说明世人不能永生不死，而过分强调寿命的

① 英国的一个小村庄。

延长会大大推动人口的增长问题。

孔多塞先生的著作所代表的不仅是他自己这位名人的观点，而且更主要的是，它是革命初期许多法国思想家的观点的代表。因此，尽管它只是一个概述，但值得高度关注。

本章导读

如果说上一章马尔萨斯重点批驳了孔多塞关于“人类社会可完善性”的论点的话，本章的重点在于批驳孔多塞关于“人类寿命可以‘无限’延长”的判断，同时也进一步论证了他在前一章提出的观点。

那么，他是怎样批判孔多塞的呢？这里，马尔萨斯援引了动物和植物的例子。孔多塞关于人类寿命可以无限延长的逻辑链条是这样的：人类自身的理性、制度和医疗技术的进步→衣食住行、卫生条件的改善→贫困和巨富消失→遗传性疾病逐渐消除→寿命无限延长。但是，马尔萨斯却说，人类有史以来，寿命并未出现明显的增长，也没有任何永久性的迹象表明人类寿命在不断延长。这就如同动物界的莱斯特羊一样，无论怎么改良，“它们的头和腿也绝不会像老鼠的头和腿那样短小”，因此，认为某些动物具有无限的可完善性也是不正确的。虽然我们对植物界还不是太了解，但植物界也如同动物界一样，无论我们看到了多么美丽的康乃馨或银莲花，它们的体积永远不能像甘蓝那么大。因此，不能因为“看到了某些局部的、限度不能被精确划定的改进，就推论这种进步是无限的”。

当然，马尔萨斯并未否定包括人在内的动物和植物改良的可能性；他所批驳的并非改良的可能性本身，而是改良的程度，不是“质”的问题，而是“量”的问题。孔多塞的观点是人类社会和寿命都可以得到无限的改良，而马尔萨斯则认为“无限”是不可能的。特别是，如果不禁止劣等人结婚生子的话，就连有限的改良可能都不可能。但是，在马尔萨斯眼里，彼时对这方面的关注还远远不够。

在马尔萨斯看来，人终究会死，因此不必“过分强调寿命的延长会大大推动人口的增长”。诚然，世人不能永生不死，但从马尔萨斯时代至今，人类寿命已经取得了极大延长，而生育率却在不断下降。在欧洲资本主义兴起以前，人均寿命不到30岁；而到了18世纪，得益于生活水平的提高、环境卫生的改善和医疗技术的进步，欧洲人均寿命超过40岁；21世纪初，欧洲发达国家平均预期寿命已超过70岁，而且增加的趋势还在继续。反观生育率，自第二次世界大战以后不断降低，低生育已经成为21世纪人口新常态。联合国数据显示，在20世纪50年代，平均每个妇女会生5个孩子，总和生育率（TFR）低于更替水平2.1的只有拉脱维亚和爱沙尼亚两个国家；而2015年，世界平均TFR仅为2.5，有93个国家的TFR低于2.1，部分发达国家的生育水平更是跌至1附近，面临极其严峻的生育危机。

据西方人口学家估计，从原始社会直到资本主义社会初期，人类14岁及以下人口所占比例在36.2%～37.8%之间变动，15～64岁人口的比例在58.8%～60.9%之间变动，而65岁及以上人口的比例仅占2.9%～3.4%。到了21世纪，根据联合国数据，2015年世界65岁及以上人口的比例超过8%，而14岁及以下人口的比例下降到了26%附近。人口年龄结构发生重大变化，人口增长中老年人口增长明显。当然，这些数据也不能说明人类的寿命可以“无限”延长，如果这个“限”不是指趋势，而是指绝对值的话。

第十章

葛德文先生的平等制度——将人类的一切罪恶归结于人类制度是错误的——葛德文先生关于人口增长带来的困难的第一个回答是很不充分的——假设葛德文先生提出的美好的平等制度可以实现——仅仅因为人口原理，该制度便会在短短30年间完全崩塌

当阅读葛德文先生新颖且才华横溢的《政治正义论》，看到他那气势磅礴且强劲有力的文笔，逻辑缜密且说理透彻的推论，炽热而强烈的思想，特别是他那给人印象深刻、似乎真理外溢的诚挚态度，我们都不可能不为之打动。但是，我们同时也不得不承认，他的研究方法缺乏严谨的哲学基础，他的研究态度不够谨慎，他的研究前提往往不能支持他的研究结论，他自己提出的异议，有时连他自己也未能加以排除。他过于依赖那些缺乏应用性、一般且抽象的命题，他的推测无疑远远超出了应有的谨慎。

毫无疑问，葛德文先生所提倡的平等制度是迄今为止最为美好和最令人向往的制度；凭借理性和信念所进行的社会改良，也比任何依靠权力施行和维持的变革都将更为持久。相较于那些在某种意义上，所有人都是奴隶的社会制度而言，个人判断力的无限发挥是一项极其伟大且富有魅力的原则，具有极大的优越性。以仁爱代替自爱作为社会的主要动力和行动准则，也是人们衷心希望看到的成就。总之，人们必然会热情拥抱和十分倾慕这样一种美

好的制度，并热切期待它有朝一日能够实现。但是，这个时刻永远不会到来。这一切不过是一场梦、一个美丽的幻影。如果我们了解实际生活并细心观察人类在地球上的真实处境的话，这种幸福和永生的“华丽宫殿”、这种真理和美德的“庄严庙宇”，就会像“空中楼阁”一样消失。葛德文先生在《政治正义论》第八篇第三章的结尾谈到人口。他是这样说的：

> 人类社会有一条原理，根据这条原理，人口的数量总是会保持在与生活资料相适应的水平上。比如，我们从未发现，美洲和亚洲的游牧部落，在经过很长时间后，其人口会增长到需要耕种土地的程度。

葛德文先生视该原理为某种神秘且不可思议的原因，并未试图对此加以研究。其实，这就是折磨人的必然法则——贫困和对贫困的恐惧。

葛德文先生在全书中所犯的一个重大错误是，将文明社会中几乎所有的罪恶和贫困都归咎于人类制度。在他看来，政治制度和现存财产制度是一切罪恶的根源，是使人类堕落的所有罪行的温床。如果实际情况果真如此，则将罪恶从这世间完全铲除就似乎是并非没有希望完成的任务；理性似乎就是实现这一伟大目标的最佳手段。然而，实际情况是，虽然人类制度似乎明显是造成人类许多灾难的突出原因，但与那些更深层次、污染源泉并让全部人类生活的涓涓细流污浊不堪的不道德的原因相比，它们就像漂浮在水面上的羽毛，根本只是微不足道的表层原因。

在论述平等制度所带来的积极后果的章节中，葛德文先生说：

> 压迫精神、奴性和欺诈风气，都是现存财产制度的直接产物。它们似乎都与智力和道德的发展为敌；妒忌、怨毒和仇恨等其他恶行则是它们密不可分的伙伴。在富裕且人人都能享有自然恩赐的社会状态中，这些恶习和狭隘的利己主义原则都将消失。任何人都无须小心翼翼地看守自己的些许财物，也不必担忧自己的需求得不到满足，而是把自身的存在融入社会普遍关心的福利思考。任何人也不会与人为敌，因为他们之间不存在竞争，故仁爱将取代理性的最高统治权。人们将不再整天为肉体的需求而担忧，得以自由地遨游在意趣相投的思想领域中；在探寻知

识的过程中，人们互相尊重、彼此帮助。

这的确是一种幸福的状态。但这只是一种理想的情景，与现实毫不相干。对于这一点，恐怕读者早已有了自己的判断。

人们无法总是生活在富裕中，也并非所有的人都能同等享受自然的恩赐。如果没有现行的财产制度，则可能每个人都不得不尽力保护他的少许财产，利己主义将大获全胜，竞争将永远存在。每个人都将为满足肉体的需求而操心不止；富有才智的人也难以在思想的领空中自由翱翔。

从葛德文先生准备用来克服人口过剩带来的困难的方法中就可完全知道，他虽然拥有深刻的洞察力，但却对人类的真实状况所知甚少。他说：

> 这个反对意见的明确回答是：现在设想困难未免杞人忧天。地球上有四分之三适合人类居住的土地尚未耕种。已经耕种的土地也还能进行无限的改良。也许在人口不断增长数个世纪后，土地仍将足以供养居住于其上的居民。

前面我已指出，认为在地球的物力消耗殆尽之前，人口过剩不会带来贫穷和困苦的观点是错误的。现在，我们暂且假设葛德文先生所言的美好的平等制度以其最纯粹的形式实现了，然后再来分析这个困难将如何且怎样迅速地在如此完美的社会形态下压在人们身上。倘若一个理论无法加以应用，它也就不可能成立。

假设在这个岛国已经不存在任何产生贫困和罪恶的根源。战争和竞争都已停止，有害于身心健康的行业和工厂都已不复存在，人们不再为宫廷阴谋、商业目的和邪恶的满足感而聚集于疫病丛生的大城市。单纯、健康和理性的娱乐取代了酗酒、赌博和放荡。没有任何城镇大到会对人体产生有害的影响。这一人间天堂的幸福居民大都居住在散落于乡间的小村庄和农场中。每座房子都干净和整洁、通风和宽敞，坐落在有益于健康的地方。奢侈品都停止生产。人人平等友爱，为了生存而必要的农业劳动在众人之间友好分担。假设这个岛国的人数和生活资料都与现有水平相当。仁爱的精神受公平无私的正义所支配，从而使得这些生活资料均可按照人们的实际需求进行分配（即“按需分配”的原则)。虽然或许不能做到每人每天都有肉吃，但植物性的食物和偶尔吃到的肉食，已足以使简朴的人感到满足，保持健康的身体和饱满的精神。

葛德文先生把婚姻当作一种欺骗和独占。我们暂且假设，性交基于完全自愿的原则。与葛德文先生一样，我也不认为这种自由会导致男女乱交。用情不专是不道德、腐败且不合人情的，在纯洁且有道德的社会中不会非常普遍。每个男人都会选择一个伴侣，而且只要双方都愿意保持这种关系，他就会一直保持下去。按照葛德文先生的看法，一个女人有多少子女或子女属于谁，都无关紧要。因为食物和其他援助会自发地从有剩余之地流向匮乏之地(见第八篇第八章；第三版第二卷，第 512 页)。每个人都愿意竭尽所能教育年青的一代。

从总体上看，我很难想象，还有哪种社会形态比这种制度更有利于人口的增长。毫无疑问的是，现存婚姻的不可补救性使许多人对它望而却步；不受约束的性交则会成为早婚最强有力的诱因。由于我们假定，人们不必为子女的抚养问题而担忧，故很难想象，在 100 个 23 岁的妇女中，还能找到一个单身女性。

由于上述因素会大大推动人口的增长，而人口减少的种种原因都已假定被消除，那么，在这种情况下，人口数量的增长必然快于任何已知社会。前面曾经提到，据斯泰尔斯博士发表、普赖斯博士曾引用的小册子记载，美洲腹地殖民地的居民人数在 15 年间增长了一倍。与美洲内陆的几个州相比，英国的环境当然更有益于健康，且按照我们的假设，这个岛国的一切房屋都是通风和卫生的，对人们组成家庭的鼓励也大于美洲，故其人口没有理由不能在少于 15 年的时间内增长一倍。但是，我们决不背离事实，我们只假定其人口增长一倍的时间为 25 年，而众所周知，美国北部各州的人口就是按照这个速度增长的。

毫无疑问，我们所假设的财产均等化和全社会的劳动力主要用于农业，将非常有助于英国物质资料的增长。但是，若要满足增长速度更快的人口的需求，葛德文先生计算的每人每天劳动半小时是肯定不够的；每人每天可能必须将一半的时间用于实现这一目的。但是，即便做出这样甚至更大的努力，凡是了解英国土壤性质、已耕土地的肥力和未耕土地的贫瘠程度的人，都会对 25 年粮食倍增之说表示怀疑。要实现这一目的，唯一可行的办法或许就是将全部的牧场改为耕地，且几乎完全不再食用肉食。但是，这个方案本身可能就行不通。英国土地贫瘠，没有肥料是生产不出大量食物的，而肥料最好且最不可或缺的来源便是家畜的粪便。据说，中国有些省份的土地十分肥沃，即便不施肥一年也可以收获两季水稻，但英国根本没有这样的土地。

虽然英国物质资料生产的平均产量实际上很难在 25 年间实现倍增，但我们暂且假定它是可以的。这样的话，在第一个 25 年结束时，即便全部是植物性的食物，食物总量也足以供养增长了一倍以后的 1 400 万人口，并维持其健康水平。

在第二个人口倍增期，从哪里能够找到足够的食物来满足日益增长的人口的迫切需求呢？哪里有可供开垦的荒地呢？哪里有改良耕地必不可少的肥料呢？对土地略有所知的人都会认为，在第二个 25 年间，英国物质资料的平均产量要实现倍增是不可能的。同理，尽管这种增长是不可能实现的，但我们同样假定它可以实现。我们的论证具有强大的力量，允许我们做出几乎一切让步。然而，即便我们做出这种让步，在第二个 25 年结束时，仍会有 700 万人没有食物供养。也就是说，仅够 2 100 万人糊口的食物必须被分配给 2 800 万人。

天哪！所谓人们生活在富裕中，任何人都无须担忧自己的需求得不到满足，狭隘的利己主义原则消失，人们将不再整天为肉体的生存需求而操心，得以自由地遨游在与人意趣相投的思想领域之中，这样一种情景在哪里呢？这一美丽的理想在经过事实的严格检验后，便烟消云散了。由富裕培育和激励起来的仁爱精神，将被匮乏带来的寒冷气息所抑制，已经销声匿迹的可憎的感情将再次兴起，强大的自我保护法则将驱除人们心灵中一切较温柔、较高尚的感情。作恶的诱惑过于强烈，人类的本性完全无法抵制。谷物或在成熟以前就被收割，或被隐藏起来，一切谎言和欺骗等不道德行为会随之发生。子女众多的母亲不会再源源不断地得到生活必需品。由于食物匮乏，儿童变得体弱多病。健康红润的脸庞将被贫困造成的苍白脸颊和凹陷的眼睛所取代。少数人仍然保有的仁爱之心在几次无力的挣扎后，最终还是让利己之心恢复了其惯有的绝对统治权，得意扬扬地横行于全世界。

葛德文先生将最坏的人的原罪归咎于人类制度的腐败（第八篇第三章；第三版第二卷，第 462 页），但这种制度不会长久存在，也不存在因这种制度而产生的社会利益与私人利益之间的对立。理性要求的共享利益亦未被人垄断和独占；也没有人因为受到不公正的法律待遇而去破坏社会秩序；仁爱之心已深深扎根于所有人的心中。即便如此，在短短 50 年中，暴行、压迫、虚伪、苦难，种种令人憎恶的恶行，以及各种各样的痛苦，使眼前的社会形态堕落，陷于悲惨境况。这一切似乎都产生于某些最紧迫的情境中，由人类本性所固有的法则滋生出来，而与一切人类制度毫无关系。

如果大家仍不能完全相信这种令人忧伤的情景的真实性，那么不妨继续往下看，我们会发现，在第三个 25 年结束时，将有 2 800 万人生活无着；而在第一个 100 年结束时，人口已经升至 11 200 万，食物则仅能够供养 3 500 万人，其余 7 700 万人没有食物供养。尽管我们已经假定，土地的产量是绝对无限的，其每年增长的数量比最大胆的思辨家所能想象的还要大，但到那时，人们仍将普遍感到匮乏，抢夺和谋杀将在世间盛行。

毫无疑问，这与葛德文先生对于人口增长所造成的困难所持的看法大相径庭。他曾说："也许人口不断增长了无数个世纪以后，土地仍将足以供养生活于其上的居民。"

我清楚地意识到，前面提到的过剩的 2 800 万人、7 700 万人，只是理论数字，现实中是绝不可能出现的。葛德文先生说："人类社会有一条原理，根据这条原理，人口总是保持在与生活资料相适应的水平上。"这个看法是完全正确的。唯一的问题是，这条原理的依据是什么？是某种晦涩而神秘的原因吗？是因上帝的神秘干预，使男子在某一时期突然失去性交能力、妇女失去受孕能力吗？或者是一种在我们视野之内可加以探究且在人类所处的任何状态下都持续不断地发生作用（尽管不同时期其作用的强度可能不同）的原因？这不正是一定程度的贫困吗？这种贫困是自然法则造成的，是无法避免的必然结果，人类制度不仅没有加重它，反而大大减弱了它，虽然永远不可能消除它。

人们也许会对我们所做的假设——现在支配文明社会的一些法则会相继听命于最紧迫的需要——感到奇怪。按照葛德文先生的说法，人类是其所接受的印象的产物，因而匮乏的刺激不会持续很久，就必然会发生侵害公共财产或私人财产的行为。随着这种侵害数量的增多和范围的扩大，社会上比较活跃的精英人士很快就会察觉到，虽然人口数量在迅速增长，但物质资料的年产量却在很短时间内开始减少。在这种紧急情况下，必须立即采取某些措施来维护社会的安全。彼时，人们会召开会议，以强有力的措辞说明国家的艰难处境。我们发现，当人们生活在富裕之中时，谁劳动最少或谁占有最少都无关紧要，因为每个人都十分愿意并随时准备施以援手；而现在的问题已经不是一个人是否应当把自己不用的东西送给别人，而是应不应该把自己生存绝对必需的食物送给别人。应当指出的是，缺衣少食的人已大大超过了土地可提供帮助的人数及其可提供的食物。若产出不能完全满足迫切的生存需求，就会导致公然侵犯正义的失范行为；反过来，这些侵犯可能进一步阻碍食物的增长，如果不采取有效的方法加以制止，将会使整个社会陷入混乱状态。所以，迫切的需求似乎在命令人类，只要有可能，无论如何都要使土地的产出逐年增长。为了达到这一首要、重大和责无旁贷的目的，最明智的做法就是更加全面地分配土地，并通过最强有力的处罚甚至死刑，来保障所有者的财产不受侵犯。

反对者也许强调，由于增加土地肥力或各种偶然事件的发生，一些人得到的份额可能远大于维持其生活所必需的数量，而利己心的支配权一旦确立，如果没有某种补偿作为报酬，他们是决不会把自己剩余的物质资料拿出来分享的。对此，我们的回答是，这虽然是一种令人遗憾的不便，但这种罪恶完全不能与因财产不安全而必然会产生的一系列灾难相比。一个人所能消费的食物数量必然要受限于人类有限的胃容量；他肯定不会把剩余的食物扔掉，而会以此来换取别人的劳动，从而使别人在某种程度上依赖于他。尽管这是一种有偿的让予，但还是比听凭别人活活饿死要好得多。

因此，革除强加于社会的弊端的最好方法，很有可能是建立一种与当前各文明国家所盛行的没有太大差别的财产管理制度，尽管这一方法目前还不够完善。

接下来要讨论的话题与前一个问题密切相关，即两性之间的交往。有些人已经注意到了社会遭受各种困难的真正原因；他们或许会强调，如果人们都确信，其所有子女都能依靠普遍的仁爱之心而得到较好的抚养，那么土地将绝对不可能产出足够的食物来供养由此而必然增长的人口。即便社会的全部注意力和劳动力都指向这一唯一的目标，私有财产得到完好的保护，加上其他可以想象得到的鼓励，从而使得土地的产出最大化并逐年增长，但食物的增长仍不能与更加快速增长的人口相适应。故此，迫切需要对人口的增长速度进行有效的抑制。最自然、最明显的抑制似乎就是，每个人抚养自己的子女；这也可以作为人口增长的一种测度和指引。可以预料的是，人们如果无法获得用以供养后代的生活资料，就不会生儿育女；为了对他人起到警示作用，让那些轻率地使自己及无辜的子女陷入生活资料匮乏的贫困境地的人，遭受随之而产生的耻辱和不便，似乎也是有必要的。

婚姻制度（或至少是每个男人都有某种明确或暗含的义务来抚养自己子女的制度）在我们所设想的存在种种困难的社会里，似乎是上述推理的自然结果。

对这些困难所做的考察揭示出，为什么女性的贞操被破坏会比男性蒙受更大耻辱的自然根源。因为不能指望女性具有足够的资力来抚养子女，故如果一位女性与某个男性结合，双方却未签订承担抚育子女的责任，一旦这个男性感到生活不便而将她遗弃，则其子女必然要依赖社会的支持，否则就会饿死。因为以监禁或判刑来惩处这种自然的过失并不公平，所以为了防止这种过失反复发生，人们就可能同意以“耻辱”的方式来加以惩处。此外，这种过失在女性身上更为明显和引人注目，且不会发生误判。因为一个孩子也许常常不知道他的父亲是谁，但总是确切地知道他的母亲是谁。人们一致认同，对于证据充分且对社会妨害最大的过失，应责其承担最大部分的罪责。如有必要，社会可以强迫所有男性必须承担抚养子女的责任；男性为维持家庭生活必然会遇到较多的困难，并为此做出更大的努力。因此，如果一个男性使他人陷入不幸，让其遭受耻辱，即可以认为，他已经受到了充分的惩罚，而这种耻辱可能是每个人都会遭受的。

现在，对于同一过失，女人几乎要被逐出社会，而男人却几乎不受任何惩罚，这无疑是对自然正义的侵犯。但是，这种习俗也许不是完全公正的，但作为最明显且有效的措施，防止了严重妨害社会事件的频发。不过，其合乎自然的起因现在已被这种习俗引致的一系列的新观念所淹没。它起初也许是社会规定必须遵守的行为，现在要靠妇女的贤淑来维持。即使这一习俗的意旨今天得以保留，也没有它发挥作用之地了。

财产制度和婚姻制度这两个基本的社会规则一经确立，不平等的状况必然会随之发生。在财产分割后出生的人，所进入的是已被人占有的世界。如果他们由于双亲的子女过多而不能得到很好的抚养，那么，他们在万物均被占有的世界上该如何生存呢？我在前面已经提及，如果每一个社会成员都有权要求从土地产出中得到自己的那部分，会给社会带来什么严重的后果。人数增长过快，家庭原先分得的那份土地已不再能维持全体家庭成员的正常生活需求；同时，也不能像要求偿还债务那样，要求从别人的剩余产品中分一杯羹。显然，按照人类本性的必然法则，有些人必定会因匮乏而遭受苦难；这些不幸的人在生活的大抽彩中抽中了空彩。类似的索取者的人数很快就会超过剩余产品的供应能力。除一些极端场合外，道德价值是一种很难识别的判断标准，故剩余产品的所有者通常需要寻找某种比较明显的识别标准。合情合理的是，他们通常会选择有能力并愿意尽力取得更多剩余产品的人，因为这样做既有利于社会，又可使剩余产品的拥有者能够帮助更多的人。缺乏食物的穷苦之人被紧迫的生存需求所驱使，不得不进行艰苦的劳动，以换取生存绝对必需的物品。适于维持劳动力的基金相当于土地所有者拥有的、超过他们自己消费所需的食物总量（即土地所有者拥有的剩余生产物的总量）。如果对这种基金的需求很大而且很多，它就必然会以很小的份额进行分配，进而降低劳动报酬。人们提供的劳动将只能换取最低限度的生活资料，因而对家人的抚养将受阻于疾病和贫困。相反，如果这种基金迅速增长，在比例上相对于索取者的人数而言很大，则它就会以很大的份额进行分配。在这种情况下，任何劳动者如果不能获得足够的食物作为报酬，他就不会以劳动进行交换。劳动者便可以过舒适和安逸的生活，而且能够抚养许多健壮的子女。

在我们目前所知的任何国家内，下等社会阶层的幸福或苦难程度主要取决于这种基金的充裕状况；而人口是增长、静止不变还是减少，又取决于人民的幸福或苦难程度。

因此，一个通过人们的想象力所能设想的、以最美好的形式形成的、以仁爱之心而非利己之心为其活动准则的、依靠理性而非强力来纠正其成员一切有害倾向的社会，很快就会发生蜕变。这种变化将按照人类本性的必然法则而非人类的任何原罪来展开；蜕变后的社会与目前我们所知的、普遍存在的社会没有本质区别：由所有者阶层和劳动者阶层构成，并以利己之心作为庞大的国家机器运行的主要动力。

在我所做的假设中，人口的增长率总是小于实际的增长率，物质资料的增长率又总是大于其实际增长率。没有什么理由可以认定，在我所假设的情况下，人口的增长不能快于任何已知实例中的人口增长。如果我们假定，人口倍增的时间约为 15 年，而非 25 年，并且假定土地的产出也可以增长一倍，那么，我们就必须考虑，要在这短短的 15 年的时间内使生活资料增长一倍必须花费多少劳动力。因此，我们断言，即便葛德文先生的社会制度以最完美的形式建立起来，不用说在很多个世纪之后，即便在 30 年不到的时间内，就会毁于人口原理的作用之下。

由于一些显而易见的原因，我没有提到移民。如果欧洲其他一些地方也建立了这种社会，则它们在人口方面也必然会产生同样的困难，因而不可能容纳新的成员。如果这种美好的社会局限于这个岛国，则它本来的纯净必定会不可思议地减损，所企求的幸福也只有极小一部分能够实现；总而言之，在该社会的任何成员自愿离开、愿意在目前存在于欧洲的那种政体下生活以前，或甘愿忍受极端困苦而移居到新开发的地区以前，该社会的根本原则必然已完全破坏。我们从日常经验可以清楚地知道：人们只有在苦难极其深重时才会下决心离开祖国；即便是最吸引人的开拓新殖民地的计划，也会频频遭到濒于饿死之人的拒绝。

本章导读

在批判了孔多塞后，马尔萨斯将矛头指向了与他同时代的英国政治家和作家——威廉·葛德文（William Godwin，1756—1836）。葛德文因受法国启蒙学派的影响，断绝与宗教的关系，从宗教信徒变成一个无神论者。《政治正义论》是他最光辉、最精辟的论著，并对历史、经济、文学、人口问题都有涉猎，如《英联邦历史》《论人口问题》《凯勒布·威廉轶事》等。

马尔萨斯对葛德文的批判主要是冲着《政治正义论》中提出的“平等制度”来的。采用先扬后抑的方式，在肯定了葛德文观点的雄辩后，笔锋一转，批评葛德文“将文明社会中几乎所有的罪恶和贫困都归咎于人类制度”，并视“政治制度和现存财产制度是一切罪恶的根源，是使人类堕落的所有罪行的温床”；而在马尔萨斯看来，尽管制度会带来灾难，但与不道德因素（如贫困与罪恶）相比，制度的原因就显得微不足道了。

首先，马尔萨斯认为，葛德文为我们描述的平等社会的美景，只不过是一种理想状态，是“水中月”“镜中花”，与“现实毫不相干”。其次，就算按照葛德文的思路，实现社会“大同”，人人家庭和美、婚姻幸福，劳动和生活资料均“按需分配”，那么，不用多久，人口就会快速增长。而在平等社会中，既没有战争、饥荒和瘟疫，也无须理性的预防性抑制，人口增长的速度甚至会快于前面提到的美洲腹地的速度，不到 15 年就可以实现人口倍增。

人口在不到 25 年的时间内实现倍增的同时，物质资料却难以以同样的速度增长。葛德文幼稚且天真地认为，英国的未耕土地还十分富足、已耕土地尚可改良，从而可以有效应对人口过剩危机，这种看法在马尔萨斯看来，透视出葛德文对“人类真实状况所知甚少”。哪怕假设英国这个岛国的土地，在第一个 25 年中，可以实现生活资料的倍增，那么，在第二个 25 年，将会有四分之一的人缺衣少食，依此类推，陷入贫困的人会越来越多，远超过土地的供养能力。美丽的理想在经过实践的检验后，烟消云散，无影无踪，代之而起的是贫困与罪恶，并由此带来“马尔萨斯陷阱”。

因此，马尔萨斯认为，不是人类制度造成了贫困——相反，人类制度实际上减轻了它——如果没有现行的财产制度，则每个人都不得不尽力保护他的财产，不得不为肉体需求而竞争、操心，即使富有才智的人也无法摆脱这种状况，从而无法在思想的领空中自由翱翔。

接下来，马尔萨斯讨论了婚姻制度对人口增长和不平等状况的影响。马尔萨斯认为，同财产制度一样，婚姻制度也是社会不平等状况产生的根源之一。如果每个人都相信其子女会得到较好的抚养，则人口的增长终将超过生活资料的增长，而在财产分割后出生的人，所进入的是已经被人占有了的世界，由此，他们只能依赖于他人的仁爱之心生活。改善这一状况的最自然、最有效的办法，就是每个人抚养自己的子女。

由此可见，马尔萨斯对当时的财产制度和婚姻制度持赞同态度。虽然这两个基本的社会规则一经确立，不平等的状况就会随之确立，但他认为，这是使人口增长适应于粮食增长的最为有效的方法。

第十一章

葛德文先生推测，两性之间的情欲在未来将会消失——这种推测几乎没有明显的根据——性爱的激情与理性或美德并不矛盾

我们曾假设，葛德文先生的社会制度可以完整地建立起来，但实际上这是根本行不通的。这个制度一旦建立，就会被各种自然因素迅速地摧毁；或者由于同样的原因，它根本就不可能建立起来。我完全想象不出，这些自然因素将在什么样的情况下发生变化。在人类文明存在的五六千年间，两性之间的情欲从未表现出任何可能消失的迹象。在所有时代，进入暮年的人都强烈反对他们已经感觉不到的情欲，但这样的反对既没有足够的理由也不奏效。生来性情冷淡、未曾感受过性爱的人，当然完全无法判断情欲对于生活中愉快感觉的总和到底可以做出多大的贡献。年轻时纵欲过度，老年身弱、内心充满悔恨的人，很可能强烈抨击这种愉悦是空虚无益、不能使人永久满足的；而纯粹性爱带来的欢愉与最进步的理性和最高尚的美德也并行不悖。一个曾经体验过纯洁性爱且真正快乐的人，无论他体验过的理性的快乐有多大，都会情不自禁地回忆那一时刻，并把它作为一生中最愉快的时刻，魂牵梦萦，多么希望能再度生活在那个时期。相比于肉体的快乐，从理性中获得的快乐的优势与其说在于它的真实性和精妙性，不如说在于它持续的时间更长，牵涉的范围更广，并且不易得到满足。

任何享受如果不加节制，后果都将适得其反。天气晴朗的时候在非常美丽的乡村散步，如果走得太远，最后也会感到疼痛和疲乏；非常健康营养的食物，如果吃得过多，最后非但不能增强体质，反而会使体质变差；即便理性的快乐确实比其他各种快乐不易得到满足，但如果几乎毫不停歇地追求，也会使身体虚弱、精力衰减。因人们易于沉迷于肉体的快乐就否认它的现实性，似乎也很不恰当。按照葛德文先生的说法，道德就是对结果的评估；或者，按照佩利副主教①恰如其分的表述，道德就是神的意志，源于普遍适宜的原则。根据这两种说法，如果肉体的快乐不会带来不幸的结果，那么它就不违反道德法则；如果对它的追求有所节制、为理智的发展留下极大的空间，则毫无疑问，肉体的快乐会提升生活中快乐的总和。因友谊而提升的纯洁的性爱，似乎是肉体快乐和理性快乐的混合物，特别适合于人的本性，能极其有效地唤起人的同情心，并使人得到极大的满足。

为了证明与理性快乐相比，肉体快乐明显低下的论点，葛德文先生曾说，“除去两性性交的一切伴随情况，它就会遭遇普遍的轻视”（第一篇第五章；第三版第一卷，第71～72页）。按照这个逻辑，他也可以对一个欣赏树木的人说：除去这些伸展的树枝和娇嫩的叶子，你还能在那光秃秃的树干上看到什么美呢？但是，吸引人们观赏的，总是有枝有叶的树，而不是无枝无叶的树。一个物体的外形和它的总体，可以像一位美丽的女性和一张马达加斯加的地图这样两种风马牛不相及的东西一样迥然不同，从而使人产生截然不同的情绪。引起男人爱慕之情的是女人“匀称的身材、活泼而温柔的性情、亲切、想象力和才智”，而不只是因为她是女性。男人在情爱的驱使下，往往会不计后果、冲动地做出各种大大有损社会普遍利益的事情；但如果女人除了女性的外貌外没有其他的吸引力，那么，也许男人就不难抵制她的诱惑。除去肉体快乐的一切附属物以证明其低下，就犹如使磁石失去产生引力的一些最根本的因素，然后断言磁石的磁力弱、磁性差一样。

在追求一切快乐时，不论是肉体的快乐还是理性的快乐，理性（即我们

① 威廉·佩利（William Paley，1743—1805），英国牧师、哲学家。

用以计算结果的能力）都是适当的矫正者和指导者。因此，改进过的理性往往可以防止纵欲过度，但绝不会消除这种快乐。

我曾努力说明，基于限度不能完全确定的局部改良来推论无限的进步，这种论证方法存在谬误。我以为，虽然有许多事例都证明，社会在发生明显的进步，但如果由此推断这种进步是无限的，那就大谬不然了。关于两性之间情欲消除的论断，至今尚未取得任何显著的进展。因此，这一假定只是一种没有事实依据的、未得到任何哲学上的盖然性支持的推测。

真理正如历史所揭示的那样，一些精英人士不只是适度地享受性爱的快乐，而且是过度地沉溺于这种快乐。但是，即便承认智力上的巨大努力能削弱这种情欲对人类的支配（虽然存在许多相反的实例，但我仍愿承认这一点），也只有当大多数人的进步超过现在人类最光辉的典范时，智力上的努力才能明显影响到人口的增长。我绝不认为，大多数人已经达到了进步的极限；但本书旨在提出一个强有力的观点，即任何国家的下等社会阶层都永远不可能完全摆脱贫困和劳动，从而获得智力的高度发展。

本章导读

在这一章，马尔萨斯反驳了葛德文先生关于“两性之间的情欲在未来将会消失”的推测。在马尔萨斯看来，“在人类文明存在的五六千年间，两性之间的情欲从未表现出任何可能消失的迹象”，即使进入暮年的人强烈批判已经感觉不到的情欲，但他们并没有足够的证据，也很少获得成功。

马尔萨斯关于情欲的论述基本沿着这样的思路：两性间的情欲不可能消失→生育，即性交的伴随情况→享受如果不加节制，后果将适得其反→理性对人口增长的作用有限。首先，马尔萨斯肯定了情欲的存在和美好，同时也肯定了理性快乐的存在。其次，他认为不论是肉体的快乐还是理性的快乐，都需要加以节制，否则都“会使身体虚弱、精力衰减”。接着，他提出：“在追求一切快乐时，不论是肉体的快乐还是理性的快乐，理性（即我们用以计算结果的能力）都是适当的矫正者和指导者。因此，改进过的理性往往可以防止纵欲过度，但绝不会消除这种快乐”，而且“只有当大多数人的进步超过现在人类最光辉的典范时，智力上的努力才能明显影响到人口的增长”。

或多或少因为牧师的身份，马尔萨斯反对节育，主张通过晚婚、不婚等禁欲的形式减少生育。但讽刺的是，马尔萨斯的忠实追随者——弗朗西斯·普赖斯——却是节育的积极倡导者。1822 年，普赖斯发表了《人口原理的证明》，利用许多人口统计数据，极力为马尔萨斯辩护，力图证明人口的增长超过生活资料的增长，如果不对人口增长加以抑制，则人民将不可避免地处于贫困和苦难之中。

虽然赞同人口增长不应超过生活资料的增长，但普赖斯却不赞同马尔萨斯提倡的以禁欲为主的道德抑制，而是提倡以避孕的方式节育。由此，普赖斯以及持相同观点的卡莱尔、德莱斯代尔等人又被称为新马尔萨斯主义者。

马尔萨斯既没有预料到避孕方式和效率的重大变革，也没有预料到人们避孕意愿的转变。避孕不仅阻断了“性交→生育”的过程，抑制了人口的增长，而且降低了生育、人工流产对女性健康的负面影响。同时，一方面，随着福利制度的不断完善，人们养儿防老的观念逐渐淡薄，生育意愿降低。另一方面，随着妇女运动的兴起与发展，女性地位不断提高，女性对生育和工作的自由选择权增加，为了取得事业的成功、实现个人价值，不少女性减少或者放弃生育。众多欧洲国家就是最好的例子。

第十二章

葛德文先生关于人类寿命可以无限延长的推论——列举各种实例说明，根据精神刺激对人体的影响所做的推断是不恰当的——不以过去的任何迹象为根据的推测，不能认为是哲学推测——葛德文先生和孔多塞先生关于地球上的人类可以接近不死的推测，是怀疑主义自相矛盾的一个例子

葛德文先生推测，未来地球上的人类将接近永生，并将该预测置于宣称要消除人口原理对其平等制度带来异议的那一章，这不能不让人感到奇怪。除非他假设两性之间情欲的减弱快于寿命的增长，否则地球必将比以往任何时候都更加拥挤。但是，还是把这个难题留给葛德文先生吧，我们暂且考察一下他据以推断人类可能长生不死的一些表象。

为了证明精神支配肉体的力量，葛德文先生说："我们是不是经常发现，突然接到的好消息可以使身体上的微恙不药而愈？……人们不是常说，那些足以使懒人致病的意外事件，却可以被勤奋的人忘得一干二净吗？如果我懒懒散散、三心二意地走上 20 英里，我就会极其疲倦；但如果我热情洋溢、目标明确地走上 20 英里，到达终点时就会如同出发时一样，精神抖擞、思维敏捷。由某些意想不到的话语或一封信引起的心情激动，可能会使身体发生最为异常的剧变，血液循环加速、心悸和口吃，有些时候极端的痛苦和高兴还会引发死亡。医生最常注意到的一件事，就是精神力量在促进或阻碍健康恢复方面产生的作用。”

这里提到的事例，主要是为了说明精神刺激对身体的影响。从来没有人片刻怀疑过精神和肉体的密切关系，尽管这种联系是难以理解的。但是，如果假设精神刺激可以持续不断地以同等的强度产生作用，或看到它暂时可以起到这样的作用就据此假设其作用取之不尽、用之不竭，那就只能说明做这种假设的人完全不了解精神刺激的性质。在这里提到的一些事例中，刺激的强度取决于刺激的新奇性和突发性。这种刺激由于其自身的性质，不能以同样的效力重复运用；如果反复运用，产生其强度的那种特性就会消失。

在其他一些情况下，葛德文先生是从微小且局部的结果推论出巨大的、一般的结果。我们从无数事例中已经看到，这种推理方法是十分错误的。在某种程度上，忙碌和积极的人可以抵抗小病，或者不把它放在心上，后者也许更加接近事实；而无所思虑的人却会集中注意力于这种小病。但是，这种情况并不能证明精神活动能够使某人忽视高烧、天花或瘟疫。

一个人若目标明确，心里只想着如何达到目的，则在步行 20 英里后不会注意到身体的疲劳；但如果使其目的性增强一倍，让他再走 20 英里，然后使其目的性增强两倍，让他再走 20 英里，依此类推，能走多远终究取决于他自身的体力，而非取决于他的精神力量。鲍威尔为得到 10 畿尼而愿意走的路程或许比葛德文先生为得到 50 万畿尼而愿意走的路程还要遥远。一个具有中等体力的人在过分强烈的动机的影响下，可能会由于用力过度而毁掉自己，因为这种动机怎么也不可能使他在 24 小时内步行 100 英里。这个例子表明，如果认为一个人最初步行 20 英里毫不疲倦，是因为他确实不疲倦或他自己几乎不感到疲倦，那就错了。人不能将其注意力同时高度集中于两件事情上。因为他已经全神贯注于 2 万英镑，因而不会注意到轻微的脚疼或肢体略有不便。但是，如果因为他在步行 20 英里后还能同出发前一样精神饱满、机灵活跃，就说他能够像走第一个 20 英里那样毫不费力地再走第二个 20 英里，再走第三个 20 英里……就显然是很荒谬的。一匹良马虽然已经相当疲倦，但由于马刺的刺激和主人对马嚼子的适当操纵仍会向前奔驰；在旁观者看来，它精神抖擞、情绪高昂，像是刚刚起步；甚至认为，因为沉浸于这种刺激所激起的热情和激情之中，马本身或许并不觉得疲倦。但是，如果据此认为，只要上述刺激持续下去，这匹马就永远不会感到疲倦，那就与一切理性原则和经验知识完全矛盾了。一群猎犬的吠叫使一些马匹在奔驰 40 英里后，与它们刚出发时一样精神饱满，生气勃勃；在刚开始追猎时，骑马的人也许一点不觉得马的力气和精神有所减退，但在奔驰了一天后，先前的疲劳就会产生很大的压力和影响，使这些马很快就感到疲倦。如果有一天，我持枪远行而一无所获，回到家里往往会由于疲劳而深感不快；而如果他日，我走了同样的路程但猎获甚多，回到家里则可能依然精神抖擞。在这两天的当天，疲劳的感觉也许有明显的差别，但在这两天的翌晨，我却不会感到这种差别。我并没有感到，在猎获甚多那一天的翌晨，肢体的不灵便和腿脚的疼痛比一无所获那一天的翌晨减轻多少。

在所有这些情形中，与其说精神的刺激真正抵消了肉体的疲劳，不如说它把人们的注意力从肉体的疲劳转移开了。如果精神上的力量能真正抵消肉体的疲劳，那么，为什么我在翌晨仍会感到疲劳呢？如果对马的刺激实际上与表面上看到的一样，使马完全克服了行程的疲劳，那么，为什么走了 40 英里的马比没有走那么长路程的马容易感到疲劳呢？我在写这本书时，正逢牙痛猛烈发作。因为热衷于写作，我常常暂时忘记疼痛，但依旧会不时感到牙痛还在继续发作，而传送痛感到大脑的神经此时也要求我对其振动给予适当的注意。神经的其他各种振动或许会进行干预，让我暂时忘记牙痛，直到一阵剧痛让我无法忍受，不得不打消继续写作的念头，并不再感到神经的其他振动，牙痛最终在大脑中取得决定性的胜利。与其他情形一样，在这个情形中，精神几乎没有或根本没有克制或消除病痛的能力，而只是在受到强烈刺激的时候，具有转移注意力的能力。

然而，我并不是说，健康和旺盛的精神不具有使肉体保持同一状态的任何趋势。精神和肉体的结合是如此紧密，以致倘若它们的功能不能相互增进，倒是令人十分不解的。但是，相对而言，肉体对精神的影响还是大于精神对肉体的作用。精神的首要目的是满足肉体的欲求。如果这种欲求完全得到满足，活跃的精神才往往会进一步漫游，或畅游于科学领域，或徘徊在想象的世界，并幻想已“摆脱人世的纷扰”，而寻求类似的自然环境。但是，这一切的努力如同“龟兔赛跑”寓言中兔子所做的努力一样，是徒劳无益的。行动迟缓的乌龟，即肉体，总会超过精神，而无论精神徘徊的范围是怎样的宽广和深远；最活跃、最旺盛的精神虽然能够勉强听从肉体第一次或第二次的召唤，但最后必然会在饥饿面前屈服，或者随同筋疲力尽的肉体陷入睡眠状态。

有人也许十分有把握地说，如果能发明一种使肉体永生不死的药，则精神也会随之不死，但精神不死似乎并不意味着肉体不死；相反，可以想象出的最大的精神力量，很可能也是会耗尽和摧毁肉体的力量。适度的精神力量似乎有利于健康，而过度运用精神则会像人们经常看到的那样，具有损害肉体的倾向。葛德文先生拿来证明精神力量超过肉体力量，从而证明人类有可能长生不死的多数案例都属于后者。如果不断地运用这种刺激，非但不能使肉体不死，反而会很快地摧毁肉体。

葛德文先生接下来考察的一个问题是，人类精神或自主意志支配自身动物性肉体的能力是否有可能提升？他的结论是，在这方面，某些人的精神力量已经伸展到另一些人无能为力的种种事务上。但是，他的这种推理是以少数例外来反对几乎是一般的法则；而所举的这些例外与其说是可以用于任何有益目的的力量，毋宁说是戏法。我从未听说有人能在发烧的时候调节自己的脉搏，也很怀疑有人在疾病的常规治疗和寿命的延长上曾经取得稍许可以察觉到的进展。

葛德文先生说：“因为某种力量为我们现在的观察所不及，便断言它在人类精神的界限之外，是极其缺乏哲理的。”我承认在这一点上，我的哲学观念同葛德文先生的哲学观念大相径庭。在具有哲学依据的推测和预言家布拉泽斯先生①的断言之间，我只看到一种差别，即前者建立在我们目前所能观察到的各种迹象的基础上，而后者则没有任何根据。我希望在人类的一切学科领域特别是在物理学中还能有伟大的发现；但是，如果我们离开据以推测未来的那些在过去取得的经验，尤其是，如果我们的推测完全与过去的经验相矛

① 理查德·布拉泽斯（Richard Brothers，1757—1824），英以主义（Anglo-Israelism，基督教的异端）的早期信徒和教师。

盾，则我们就会陷入没有确定性可言的旷野之中，任何一种假设都如同其他假设一样是正确的。倘若有人告诉我，人类的背后最终会同前面一样有一双手和一对眼睛，我应当承认，多一双手、多一对眼睛是有用的，但我并不会相信这种说法，因为我从未看到有任何迹象表明，这种现象可能发生。如果这不能被认为是有效的反对理由，则一切推测便都是一样的了，且都同样具有哲学依据。我承认，在我看来，按照我们现在所做的各种观察的结果，并没有证据能够证明人类将来可以在世间永生，就如同没有证据表明，人将有四只眼睛、四只手，或树木将横着生长而不是垂直生长一样。

也许有人会说，世界上有许多发现是人们未曾预见到的、是出乎意料的。我承认这种说法是正确的；但如果某人不是按照过去事实的类比或指示来预测将有这些发现，他就只能被称为先知或预言家，而不能被称为哲学家。近代的某些发现足以使生活在忒修斯①和阿喀琉斯②时代的欧洲野蛮居民感到惊奇，但这几乎不能证明什么，因为我们不能指望几乎完全不知道机械力的人去猜测机械力的作用。我绝不是说，我们现在已充分认识人类的精神力量；但我们对这种工具的了解肯定要比四千年以前的人的了解多；所以，虽然我们不能被称为称职的评判者，但我们肯定要比野蛮时期的人更有资格判断什么是我们的精神所能把握的，什么是我们的精神所不能把握的。一只表会像永动机那样使野蛮人感到惊奇，但在我们看来，表是一种最常见的机械，而永动机却是最有才智的人再怎么努力也永远制造不出来的。现在我们已知道，在许多场合，一些最初被认为似乎完全可以无限改进的发明，为什么未能得到无限改进。最初改进望远镜的人也许会想，只要加大镜身尺寸、增长镜管长度，就会提升这个仪器的放大力和优势；但其后的经验告诉我们，视区的狭小、光线的不足以及大气条件的变化，使人们不能从镜身尺寸和放大力极大的望远镜得到预期的结果。在许多知识领域，人类几乎持续不断地取得了巨大进步；但在另一些知识领域，人类的努力却总是遇到阻碍。野蛮人猜想

① 忒修斯（Theseus），传说中的雅典国王。

② 阿喀琉斯（Achilles），荷马史诗《伊利亚特》中参加特洛伊战争的一个半神英雄，希腊联军第一勇士。

不出这种巨大差别的起因，但我们所具有的较多经验却使我们对此多少有所了解，从而使我们尽管不能较好地判断什么是我们能够预期将会发生的，但能够较好地判断什么是我们不能预期将会发生的，这虽然是消极的，但却是一种十分有用的知识。

睡眠的必要性与其说取决于精神，毋宁说取决于肉体，故通过精神的改善来大大消除睡眠这一“显著的弱点”似乎是不可能的。一个人若在精神上受到很大的刺激，且两三夜不睡觉，其体力必然会成比例地受到耗损，而健康和体力的减退很快就会妨碍他理解力的运用，以致他虽然做出了一些重大的努力，但在消除睡眠的必要性上却似乎未取得任何真正的进展。

我们知道，不同的人在精神能力和仁爱行为等方面无疑具有十分显著的差别，由此我们可以判断，智力活动对人类寿命的延长是否具有明显的影响。答案是否定的。虽然无论是注重肉体还是注重精神，迄今都尚未产生使人类趋于不死的作用，但比较而言，在某种程度上对肉体的注重可能更有助于寿命的延长。饮食适度、经常锻炼身体、生活规律的人一般比沉浸于脑力工作、常常忘记肉体的这些迫切需要的人更为健康。思虑范围不过田园大小、活动仅限于田园的隐居平民的寿命，与智力活动范围极其广泛、头脑比同时代的任何人都清晰聪明的哲学家的寿命也许相差无几。注意死亡表的人可以确切地看到，平均而言，女性的寿命长于男性。虽然我绝不能说女性的智力较低，但我以为，由于两性所受的教育程度不同，致力于富有活力的精神活动的女性少于男性。

从上述及与此类似的事例或从更广的时空（如几千年来世间存在的各种各样的人）来看，我们从未看到人类的寿命由于智力的作用而产生明显的差别，故人在这个世界上必然会死的判断，与任何永恒的自然法则一样是确定无疑的，且依据的理由也与任何永恒的自然法则一样。造物者力量的直接作用，固然可以突然或逐渐改变这些法则当中的某个部分或全部，但如果从来没有发生这种变化的迹象且也不存在这种迹象，那么，假设人类寿命可以无限延长，就如同假设地球的引力会逐渐地变成排斥力，石头最终将上升而不是下落，地球在某一时候会脱离轨道而飞向更暖更热的太阳一样，是毫无哲学根据的。

毋庸置疑，葛德文先生在这一章的结论向我们描绘了一幅非常美好和令人向往的图景，但它是凭空想象而不是以实际情况为依据的，不能引起人们内心那种只有自然和盖然性才能产生的兴趣。

葛德文先生和孔多塞先生所做的人类寿命可以无限延长的这种推测，可以说是渴望灵魂不死的一个极妙的例子，没有对此加以评述我是不可能放下这个问题的。这两位先生都否认绝对允许人类在另一种状况下永生的天启。他们也拒不接受自然宗教的启示，尽管在一切时代最有才智的人看来，这个启示已经预示了将来灵魂的不死。可是，不死的观念与人类的精神如此契合，以致他们又不能完全同意从他们的体系中排除这种观念。他们对不死的唯一可能方式深表怀疑，而另外提出了一种不死，这种不死不仅完全与哲学上的盖然性法则相矛盾，而且其本身也是极其狭隘、偏颇和不公正的。他们假设迄今所有的，或是存在了几千年、几百万年的那些伟大、善良和高尚的人，都会归于寂灭，只有少数人能获得永生，而其数目决不会比同时在地球上生存的人多。这种信条如果作为天启的教义提出，我深信，宗教的一切敌人，或许葛德文先生和孔多塞先生也在其中，都会报以嘲笑，认为它是迷信、愚蠢的人所能杜撰的教义中最幼稚、最荒唐、最拙劣、最可怜、最不公正的，因而是与上帝最为不配的一种教义。

这种推测为怀疑主义的矛盾所提供的证明真是匪夷所思。因为，我们应当看到，相信一种与始终如一的经验完全相矛盾的主张，与相信一种不与任何事物相矛盾、只是超出我们现在的观察力和理解力的主张之间，存在着明显且本质的区别。我们周围的自然世界如此纷繁多样，每天呈现在我们眼前的巨大力量也如此之多，以至完全可以假定，我们并未完全看到自然界的许多形态和作用，且以我们现有的有限的知识，也不可能完全看到。与麦粒萌生小麦、橡籽萌生橡树相比，精神体脱离自然躯体而复活，似乎并不是令人惊讶的显示力量的事例。假使有一个富有才智的人处在这样的环境里：他只熟悉无生命物质或已成熟的植物，而从未亲眼看到植物生长或成熟的过程；而给另一个人看两件物品，一颗麦粒，一粒橡籽，希望他加以检查，如果他愿意，还可以加以分析，并努力弄清它们的特性和本质；然后告诉他，这两小粒物质虽然在他看来也许微不足道，但却具有神奇的选择力、结合力、排列力和创造力，一旦将它们放入土中，它们就会在其周围的泥土和湿气中选择最适宜生长的部分，以奇特的偏好、判断和行为，把这些部分收集和排列起来，长成美丽的形体，变得几乎完全不像当初放入土中的那两小粒物质。我丝毫不会怀疑，我所假设的这个想象中的人在相信这种不可思议的断言以前，必然会犹豫不决，要求提供更好的证据和更有力的证明。但他却更容易相信这是一个拥有非凡力量的神，即他周围所能看见、所能意识到的一切的造物主，依靠对人类的死亡和毁灭拥有的巨大力量，以无形或者至少是肉眼看不见的方式提高思想的本质，使这两粒物质在另一种状态下更加幸福地生存。

按照我们的理解，对后一种断言不利的唯一差别是，前一种奇迹是我们经常看到的，后一种奇迹则是我们从未见过的。我承认这种惊人的差别极为重要，但是，可以肯定，人们会毫不犹豫地说，如果不考虑天启，则精神体脱离肉体而复活，较之地球上的人类永生不死，也许具有较大的可能性。因为前者也许只是我们不能看到的自然作用之一，而后者不仅未曾显露任何征兆或迹象，而且完全与一直在人类观察范围之内的恒久不变的自然法则之一相矛盾。

当我们的观察范围超出现世时，很明显，我们就只能靠权威、推测甚至是一种模糊而不确定的感情来指导了。因此，在我看来，我在这里所说的同我过去所说的完全不矛盾。我曾说，认为某一事件会在完全没有过去与其相类似的事件预示的情况下发生，是没有哲学依据的。若漫游到无人能返回的领域，我们当然应当放弃这个规则；但就预料可能在人间发生的事件而言，我们放弃这个规则就往往与正确的哲学相抵触。然而，正如我所认为的，类推法的幅度是极大的。例如，人类已经发现许多自然法则；类推法则表明，他们还可以发现更多的自然法则；但是，任何类推法似乎都没有表明，他们会发现第六种感官，或者在人类精神中发现一种新的力量，完全超出我们现在的观察范围。

每一粒种子所显示的选择力、结合力和变形力都确实令人不可思议。谁能想象在这种微小的物质中蕴涵有如此令人惊奇的力量呢？在我看来，设想自然的伟大造物主在这一切作用中充分显示自己的力量，是有哲学依据的。对这万能的神来说，无论有无橡籽，它都能很容易地长成橡树。将种子撒布于土地的准备过程只是为了人类的利益，并作为促使物质变成精神所必需的各种刺激之一而规定的。假设世界是创造和形成精神的一个伟大的过程，则这种想法丝毫不与我们周围的自然现象、人类生活中的各种事件以及神对人的连绵不绝的启示相抵触。在这个过程中，毫无疑问，必然会有许多形态不适用的器物由这个大熔炉产生。这些器物将被当作无用的东西被打碎并扔在一边；而那些形态逼真、极其优美和可爱的器物却会升至较幸福的境界，从而更为接近伟大的造物主。

或许我又该为花费这么多的时间去研究上述推测而向我的读者表示歉意。我知道，许多人会认为，这种推测太荒谬，根本不可能实现，大可不必研究。但是，纵然像我们所认为的那样，它是不可能实现的，并且与哲学的真正精神相悖逆，那么为什么不在一种公正的考察中说明其所以如此呢？一种推测虽然第一眼看来就是不可能实现的，但如果它是由有才干又有独创性的人提出的，似乎至少值得我们对其进行一番考察。就我自己来说，我并非不愿意对世间人类或可不死的看法给予一定程度的赞同，但前提是用来支持这种看法的各种现象使我们感到应当表示赞同。在我们断定这种情况完全不可能出现以前，我们只能公正无私地考察这些现象。从这种考察中，我认为我们可以做出如下推断，即固然没有理由假设树木可以长得无限高，马铃薯可以长得无限大，但更加没有理由假设人类的寿命可以无限延长。

虽然葛德文先生关于人类寿命可以无限延长的想法只是推测，但既然他提出了他认为对自己的假设有利的某些现象，他当然会认为这些现象应当得到考察，而这也正是我想做的。

本章导读

与同时代的孔多塞一样，葛德文也认为，因为精神的力量可以超过肉体的力量，而精神是可以永生的，故人类的寿命可以无限延长，其背后的依据是精神的作用。对此，马尔萨斯认为，除非两性情欲的减弱快于寿命增加的速度，否则地球必将更加拥挤，并对葛德文的论据逐一批驳，认为他基于各种案例，据此推断精神刺激对人体的影响并不恰当。

马尔萨斯并不反对精神或意志的作用，但一方面，精神刺激的作用是有限度的，而非取之不尽、用之不竭的。比如，乐观积极的人可以抵抗或忽视小病，却不能无视天花、麻疹、高烧等大病。另一方面，刺激的强度取决于其新奇性和突发性，而重复运用就会使它的效用减弱并消失。人不能同时高度集中于两个事件，对一件事情的关注可以让人暂时忽视另一件事情，但关注也不能超越动物的体能极限；反复刺激已经疲倦的奔马，虽然可以转移马对疲劳的注意力，但依旧不能改变肉体疲惫的事实。

因此，马尔萨斯得出的结论是，葛德文先生和孔多塞先生关于地球上的人类可以接近不死的推测，是怀疑主义的一个自相矛盾的例子，是与始终如一的经验完全相矛盾的主张，这同不与任何事物相矛盾、只是超出我们现在的观察力的主张之间，存在着明显且本质的区别。

对长生不死的探求在人类历史上从未停止过，人们总是希望生命可以“与天地同休”“与日月同寿”，世界上各种宗教几乎都将人从哪里来、将去向何方作为中心问题，认为存在万能的上帝、菩萨，而且相信每一个人都有成为圣贤、成仙、成佛的资格。今天，人们仍在不懈追求长寿的秘诀，比如对基因的研究、对各种癌症的治疗等。

人的视界总是受限的，马尔萨斯在历史和可见的范围内进行逻辑推演，他希望后世的物理学能取得更大的进展（事实上，如果马尔萨斯在世，今天物理学的进展恐怕会使他瞠目结舌）；在一些具体问题上的论点尚有可取之处，但其对于未来科学技术的一些“消极”判断，在今天看来却是极其狭隘和短视的。显然，他的基点在于总结过去的经验，立足彼时的现实，却因受制于牧师身份而缺乏长远眼光。相反，葛德文则富有大胆的想象，“因为某种力量为我们现在的观察所不及，便断言它在人类精神的界限之外，是极其缺乏哲理的”。

这里，马尔萨斯提出的一种逻辑推理方式还是值得我们今天思考的。他之所以认为葛德文的论据站不住脚，一个重要的原因在于，“葛德文先生是从微小且局部的结果推论巨大的、一般的结果”。这种推理方法不同于现在的定性研究，定性研究是通过具体实例，说明一种现象的存在。而葛德文则是通过证明一种变化的存在，推测这种变化将一直持续下去，达到无限的范围，所以这种无限性有悖于当时的经验知识。

第十三章

葛德文先生把人类看作是纯粹理性的动物，这是错误的——人是一种复合生物，情欲总是干扰人类理智做出的决定——葛德文先生关于强制问题的推理——某些真理按其性质来说无法从一个人传递到另一个人

在前面的讨论中可知，葛德文先生宣称要考察人口原理对其平等制度的阻碍作用。在他看来，人口增长的阻碍作用只有在遥远的未来才会发挥出来；但我认为，他的这种观点是大错特错的。我的论述已经清楚地表明，用不着等上多个世纪，实际上只要30年甚至30天，人口增长对其平等制度的负面影响就会显现出来；即便假设人类在世间将趋于长生不老，也丝毫不会减轻这种阻碍作用。那么，唯一有可能消除这种阻碍作用的假设，便是两性间的情欲将会消失，但是，这仅仅是一种假设，没有任何证据的支持，故我们也完全可以假设，人口增长的阻碍作用丝毫未受到损害，而这个反向假设本身便具有足够强大的力量，可完全推翻葛德文先生的整个平等制度。不过，为了更清楚地阐明，葛德文先生在《政治正义论》中向我们描述的美好愿景——人类本身及其所创造的社会将得到巨大改进——虽然获得了赞赏的目光，但却是几乎无法实现的前景，我在这里还必须对其若干著名论断进行简要评论。

葛德文先生把人类看作是纯粹理性的动物。这种谬误（至少在我看来是

一种谬论）弥漫于他的全书，且同他的全部推理混杂在一起。人的自觉行为或许产生于他对事物的看法；但是，这种看法在同时兼具理性和肉体的动物那里与在仅仅具有理性的动物那里，受到的影响是迥然不同的。葛德文先生在证明正确的推理和真理能被充分传达时，先从实践上考察了这一命题，然后补充道："这是以不精确的、实际的观点考察时，该命题所表现出来的样子。但即便进行精确的考察，该命题也是不容争辩的。人是理性动物"（第一篇第五章；第三版第一卷，第 88 页）。我不但不会把这称为精确的考察，反而会认为这是一种最不精确、最不正确的考察方法。这种考察方法犹如先计算出物体在真空中的下落速度，然后固执地认为在有阻力的情况下，物体的下落速度仍与此相同。牛顿根本不是这样推理的。一般性命题很少能丝毫不差地应用于特殊问题。无论是使月球维持在环绕地球的轨道，还是使地球维持在环绕太阳的轨道，都并非仅仅是受到一个与距离平方成反比例大小的力。要使有关天体运行的一般性理论能完全应用于所有天体的运行，就必须精确地计算出太阳对月球的干扰力，以及月球对地球的干扰力；在尚未正确地估计出这些干扰力之前，实际观察到的这些天体的运动会证明，这种一般性理论并不十分适用。

我承认，每一个自觉的行为都源于理智做出的思考，但倘若说人的肉体倾向不会作为干扰力量严重影响理智的决定，那就与我所认为的有关这一问题的正确理论完全相反了，也与一切实际经验明显矛盾。所以，问题并不只是取决于是否能使人理解已经清楚明了的命题，或者是否能使人相信无可辩驳的论点。人作为理性动物可以明白、相信真理，但作为复合动物，人无疑也可能会逆真理而动。食欲、嗜酒、占有美女的欲望，会促使人在明明知道他们的行动会给整个社会的利益带来极其严重的后果时依旧采取行动。倘若消除了肉欲，他们便会毫不犹豫地反对这种非理性的行为。若询问他们怎么看待其他人的这种行为，他们也会立即予以谴责；但如果他们也有肉欲，那么，在具体情况下，复合动物的决定与纯理性动物的信念肯定不会完全相同。

如果我关于这个问题的观点是正确的，而且理性与经验都证明这是正确的，那么，葛德文先生在其著作的第七章有关强制问题的所有论断，就似乎是建立在错误的基础之上。葛德文先生花费了相当的笔墨，来嘲笑有人试图用殴打的方式使人开悟、阐明有争议的命题。毫无疑问，殴打既可笑又野蛮，斗鸡也是如此，但前者要比后者更能体现人类惩罚的真正目的。常见的（实际上是非常常见的）一种惩罚方式是判处死刑。但是，我相信，葛德文先生恐怕不会认为判处死刑是为了使人开悟吧，因为无论如何，用这种方式开启的理智都不会给个人或社会带来多少利益。

惩罚的主要目的无疑是为了约束和警示。所谓约束，是指把那些具有不良习惯而对社会有害的社会成员监禁起来；警示则通过表达社会对某种罪行的看法，通过更加明显地把罪行与惩罚紧密地联系在一起，来维持一种道德动机以劝阻他人不要犯罪。

尽管葛德文先生谴责单独监禁，但他仍然认为，可将监禁视作一种权宜之策，且认为这实际上几乎是提高犯人道德水平唯一且最行之有效的方法。他大谈孤独会助长私欲，而生活在社会中则会培育美德。但是，可以肯定的是，生活在犹如监狱一般的社会中，是不会培育美德的。假如罪犯仅仅与有才有德的人生活在一起，那么他很可能会比单独生活进步得更快。但这可行吗？葛德文先生的聪明才智似乎更多地被用来挑毛病，而不是被用来提出切实可行的补救方法。

譬如，他对惩罚一概予以谴责。的确，为了惩一儆百，有些国家采用了极其残酷和野蛮的刑罚，但是，某种方法的滥用，并不能成为反对该方法的充足理由。在英国，一旦发生杀人案，警方必定会不辞辛劳，追凶侦破，并将杀人犯绳之以法。这将使普通人感到，杀人案迟早会水落石出、杀人者必须承担可怕的后果，由此迫使人们在欲火中烧或怒火中烧时放下屠刀，遏制为复仇或其他原因而去杀人的冲动。在意大利，杀人犯一旦逃入避难所，往往就可以逃脱刑罚，这使得人们对犯杀人罪的恐惧感较弱，故杀人案发生的频率更高。不管是谁，只要对道德动机的作用略有了解，便决不会怀疑，如果在意大利杀人犯将一律受到惩罚，则人们在感情冲动时就会相对较少地使用短剑。

谁都不会愚蠢到认为，人类的法律可以精确地量罪判刑。由于人类动机的不可预测性，要做到精确地量罪判刑是绝对不可能的。这种缺陷，尽管可被称作是一种不公正，但却不能被作为反对人类法律的正当理由。人类不得不频繁地在两种罪恶之间做出抉择，这是无法逃脱的命运。一种制度只要能最好地防止更大的罪恶，那便有充足的理由采用这种制度；而且，毫无疑问，我们也应做出不懈的努力来尽量完善这种制度。然而，给人类制度挑刺儿是如此容易，而要提出切实可行的改进措施却是如此之难，使得大多有才能之人——令人遗憾地——把时间和精力用在前者而非后者之上。

明白事理的人也可能经常犯罪这一事实足以证明，某些真理虽然可能令人信服，却不一定会对人的行为产生适当的影响。还有一些真理，按其性质来说，或许永远都不可能由一个人充分传达给另一个人。在葛德文先生看来，理智快乐优于感官快乐是一条基本的真理。在考虑种种因素后，我倾向于同意他的观点；但我要如何把这一真理传达给一个从未感受到理智快乐的人呢？这就如同试图向盲人说明颜色的样子和美丽。即便我有无比的耐心，不厌其烦地、反反复复地向他描述，我也绝不可能达到目的，因为在我们之间，没有衡量事物的共同尺度。我无法一步一步地使他明白，因为这是一个从性质上说根本无法加以证明的真理。我所能说的只是，一切时代的大仁大智者都无一例外地倾向于理智快乐；我自己的经验也完全证明他们的判断是正确的；我发觉声色口腹之乐是毫无意义且转瞬即逝的，总是让人感到乏味和恶心；而理智的快乐却似乎有一股清新之气，总能让我感到年轻，让我无时无刻不感到满足，仿佛给我的生命注入了新的活力，使我的心灵长久地澄明和安宁。他若相信我，也只是出于对我的尊敬和对我提及的人物的尊崇，这仅仅是信赖而不是信服。我所说的并没有使他真正信服。这与推理无关，而是牵涉到经历。他也许会回答说，你所说的对你自己和其他许多品德高尚的人来说也许是很正确的，但就我自己而言，在这件事情上我却有着与此大相径庭的感受。我晚上常常会拿起书来读，但总是读着读着就睡着了；但若是参加舞会，或与漂亮的女人一起嬉玩，我却总是精神焕发，真正感受到在享受人生。

在这种情形下，推理和论证都毫无用处。也许在未来的某个时刻，他会真正地对感官的欢愉感到腻烦，或被某一偶然事件唤醒理智。这种经历在一个月内所起的作用，是 40 年最为耐心细致的劝说都不可能做到的。

本章导读

文中指出，按照葛德文的观点，控制人口是阻碍“平等制度”建设的重要因素，对于人口的控制是完全没有必要的，因为人口增长的阻碍作用只有在遥远的未来才会发生。马尔萨斯对葛德文的这一观点提出了严厉的批判，强调这种阻碍作用其实已近在眼前，葛德文构建的平等的人类社会很美好但却难以实现，因为葛德文把人类看成仅仅是具有理性的动物，这是一种谬误。马尔萨斯认为，人类不仅仅是一种理性动物，而是一种复合动物，这里的“复合”既包含了理性，也包括情欲。

本章中马尔萨斯的重点在于反驳葛德文的“理性动物”说。首先，马尔萨斯所要强调的是，人的行为受信念影响，而既具理性又具肉体的动物与仅仅具有理性的动物受到的影响是迥然不同的。葛德文仅仅考察了理性的作用力，而忽略了其他的“阻碍”作用力，这便与物理学中的“阻力”的作用原理相矛盾。在马尔萨斯看来，葛德文似乎并未“知晓”这一常识。其次，马尔萨斯指出，实践经验表明，人的行动并不仅仅受理智支配，作为复合动物，人也会决心逆真理而动，正如文中所说，“食欲、嗜酒、占有美女的欲望，会促使人在明明知道他们的行动会给整个社会的利益带来极其严重的后果时依旧采取行动”。这就是所谓的私欲，因为人总是苛责别人而宽容自己。再次，马尔萨斯认为，葛德文所嘲笑的“惩罚”其实是个人和社会所必需的。在葛德文看来，用惩罚方式来开启的理智并不能给个人和社会带来多少益处，监禁也不过是一种权宜之策，培养人们的美德才是长久之计。而在马尔萨斯看来，葛德文是在用他的聪明才智挑毛病，通过批判当前的制度和法律来构建他心中的理想社会，但对于眼前的种种问题，葛德文并没能提出有效的补救方法。马尔萨斯指出，将杀人犯绳之以法的目的，既是对犯罪行为的惩罚，更是在警示世人，即使当前的法律并不能精确地量罪判刑，仍然有待改进，但“一种制度只要能最好地防止更大的罪恶，那便有充足的理由采用这种制度”。最后，马尔萨斯强调理性是因人而异的，真理按其性质来说无法从一个人传递到另一个人，即便最明白事理的人也可能犯罪，因为理智上的快乐并不优于感官上的满足。

马尔萨斯一方面强调人是一种复合动物，理性和情欲并存；另一方面强调情欲总是存在的，两性间的情欲不会消失，它会干扰人类理智做出的决定，所以惩罚是必须存在的。马尔萨斯认为，葛德文对“强制”的批判毫无道理可言，他所构建的具有平等制度的社会是很难实现的。在这里我们不难看出，马尔萨斯著书立说是建立在对葛德文观点的批判基础之上的。这种批判也反映了他对当时社会制度的支持和拥护。

第十四章

葛德文先生整部书的核心，是关于政治真理的五个命题，但这五个命题是不成立的——我们怎么能根据人口原理带来的苦难而认为，人类的罪恶和道德上的弱点永远不会被根除——葛德文先生所说的可完善性不适用于人类——人类的真正可完善性的本质

倘若我在上一章的推理是正确的，那么葛德文先生根据人类的自觉行为源于信念这一命题推论出的那些政治真理，显然也就不能成立了。他提出的五个命题分别是："正确的推理和真理，若能被充分地传达，则必将战胜谬误；正确的推理和真理是能够被充分地传达的；真理是无所不能的；人类的罪恶和道德上的弱点并不是不可战胜的；人是可以完善的，换言之，人是可以不断改善的。"

前三个命题可以被认为是一个完整的三段论。如果所谓"充分地传达"是指能对行为产生足够影响的信服，则就承认了大前提而否定了小前提，在这种情况下，结论（即真理是无所不能的）自然也就不能成立了。如果所谓"充分地传达"仅仅是指人类由于有推理能力而相信真理，那就否定了大前提，而小前提只有在能够被证明的情况下才是成立的，故他的结论还是不能成立。据葛德文先生所言，第四个命题实际上相当于前一个命题，只是叙述方式略有不同而已。若果真如此，则它必然也就和前一个命题一样不能成立。

尽管如此，结合本书的主要论点来探究人类的罪恶和道德弱点在这个世界上绝不会被根除的原因，仍是值得的。

按照葛德文先生的说法，人这种生物是从胚胎发育那一刻起，就持续不断地接受各种各样的影响。假如能使人处于一种完全没有不良印象影响的环境，那么，尽管在该环境下是否会有美德产生令人怀疑，但罪恶肯定会被根除。如果我没有理解错的话，葛德文先生的《政治正义论》的主旨是要证明，人类的罪恶和道德弱点大都产生于不公正的社会和政治制度；如果能废除这些制度，并进一步开启人的理性，则这个世界上便会几乎没有或根本没有诱人作恶的事情。然而，前面已经证明过，或者至少在我看来，这是一种完全错误的观念。不管政治体制或社会制度如何，由于固定不变的自然法则的作用，大多数人必然会受到作恶的诱惑，而这种诱惑产生于情欲和匮乏。根据葛德文先生对人的定义，随着这样的印象以及这些印象的组合在这个世界上的散播，必然会产生各种各样的坏人。同理，基于他关于品格形成的见解，在这种情况下，想要使所有的人品德高尚，就如同掷一百次骰子而想要得到一百次六点那样，几乎是不可能的。连续不断地掷骰子，可以得到各种各样的组合，如同这个世界上必然存在各种各样的品格。即便是按照葛德文先生的逻辑，即人是根据其存在的那一时刻起接受的各种不同印象而形成的，人的品格也是形形色色的。这一比喻在某种程度上表明，假设例外将成为通则，极其罕见的组合经常出现，或假设各时代凤毛麟角式的厚德之人会遍布世界各地，都是极其荒谬的。

我猜想，葛德文先生肯定会反驳说，这种比喻在某些方面是不准确的：就掷骰子来说，前因或更准确地说，前因出现的概率总是相同的，因此没有好的理由认为，后掷的一百次骰子会比先掷的一百次骰子有更多的六点。但是，人却多少具有某种可以影响品格形成的能力，凡来到世间的品德高尚者，通过其必然具有的影响力，会提升另一个有德之人来到世间的可能性，而第一次掷得六点并不会提高第二次掷得六点的可能性。我承认，就这一点来说，我的比喻确实不够准确，但上述反对的理由同样也并非完全正确。经验已经一再告诉我们：品德最为高尚之人虽然具有很强的影响力，但其影响力很少能战胜强烈的作恶的诱惑。毫无疑问，有些人会受到品德高尚者的影响，但更多的人不会受此影响。假如葛德文先生能成功证明，可以通过人为的努力消除作恶的诱惑，我就将放弃我的比喻，或至少承认，人们掷骰子的方法会大有改进，以致每次都能得到六点。然而，只要影响品格形成的大多数印象与掷骰子的方法一样，不受人类意志的支配，那么，虽然说试图计算未来某个时期世界上善与恶的相对比例是极端愚蠢和狂妄的，但我却可以十分有把握地说，从整体上来看，人类的罪恶和道德弱点是不可克服的。

第五个命题是前四个命题的一般推论，既然其基础已坍塌，它也就不可能成立了。根据葛德文先生对“可完善性”的理解，决不能宣称人类是可完善的，除非能明白无误地证明前四个命题都是正确的。可完善性还有另外一层含义，即人类是可完善的。我们可以确信无疑地说，人类的确可以不断地完善自己；或者说，人类过去从未达到过，将来也不可能达到完善的顶点。但是，我们却绝不能因此说，我们改善人类的努力总是会取得成功，更不能说，人类在绝大多数时代都可以以突飞猛进的速度趋于完善境界。我们所能得出的唯一推论是，我们不可能知道这种完善的确切界限。在此，我必须再次提醒读者注意下面两个概念的区别（且我认为，它们的区别对目前讨论的这个问题而言特别重要），即无限的完善与无法确定界限的完善。它们之间有着本质上的差异：就目前的人口规律来说，前一种完善并不适用于人类，而后一种完善则无疑适用于人类。

如前所述，人类真正的可完善性可用植物的可完善性来加以说明。雄心勃勃的花匠，总是希望把花的大小、匀称和颜色统一起来，但即便是最成功的改良者，恐怕也不敢妄言，他培育的康乃馨在这些方面已臻于极致，达到了最大限度的完美。无论他现在栽种的花有多美丽，倘若使用更为适宜的土壤，变换阳光照射的角度和时间，对花儿更加细心地呵护，也可能会得到更美丽的花。

不过，尽管他也许知道，宣称“花儿已经尽善尽美了”是荒谬的，也知道是采用了什么方法得到现在这么美丽的花朵，但他却不敢肯定，如果采用同样的方法，花费更大的力气，是否能得到更美丽的花朵。尽力改善某一品质，或许会损害另一品质。他若用更肥沃的土壤来使花朵长得更大，则可能会破坏花萼，从而破坏其匀称性；同样，如果使用高效力的“肥料”诱使法国爆发大革命，使人类的心灵得到更大的自由和活力，却可能会胀破人性的花萼，破坏社会的约束性限制；单个花瓣长得再大，少数花瓣长得再壮再美，整体来看却是松懈的、畸形的、互不关联的，没有统一、匀称和颜色的和谐可言。

假如改良康乃馨是有意义的，则尽管不能指望把康乃馨养得大如甘蓝，但无疑可以通过不懈的努力获得比现在更美的品种。没有人会否认提升人类幸福的重要性——在这方面，哪怕是最微小的进步也有重大的价值。但是，有关人的试验与有关非生物的试验是不一样的。花的绽放完全是小事一桩，因为它可以马上被另一朵花所取代而于事无损；但是，社会的约束力一旦被破坏，就会导致其各个组成部分分崩离析，致使千百万人遭受巨大苦难；这种断裂需要经过很长的时间，人们需要忍受极大的痛苦，伤口才有可能逐渐愈合。

上面考察的五个命题是葛德文先生理想大厦的基石，也是其整部书的核心。然而，不管他的论证多么妙不可言，我们都不得不认为，他所要达到的宏伟目标完全落空了。他不仅根本没有能力解决人的复合性可能带来的种种难题（即人可能是非理性的），而且丝毫不能反驳我对他的“人类和社会的可完善性”论点的反证。我充分相信自己的判断，也可以言之凿凿地说，人和社会是不可完善的，不仅就葛德文先生所理解的“可完善”一词的广义来说是如此，而且整个社会的状况与结构也不可能向着好的方向发生明显惊人的转变。我想表达的意思是，下等社会阶层，即人数最多因而从总体来看最为重要的那一部分人的生活境况，绝不会得到巨大而显著的改善。倘若我能活一千年，且自然规律保持不变，则我敢肯定，绝不会发生与我的下述论断相矛盾的事情：在任何历史悠久的国家，不管富人做出多大的牺牲或努力，其下等社会阶层的生活也不会达到30年前美国北方各州人民的那种生活水平。

也许在未来的某一时期，欧洲的下等社会阶层会受到比现在好得多的教育；会以更好的方式利用自己所能支配的那点闲暇时间，而不是像现在这样把闲暇时光都消磨在酒馆里；会生活在比以往任何时候和任何国家的法律都更好、更平等的环境中；而且我认为，他们或许会有更多的闲暇时间，尽管这种可能性并不很大。但是，按常理来说，他们的富裕程度不会达到这样的水平：全部都能早婚早育，且有充分的把握能很轻松地养活一大家子人。

本章导读

本章进一步批判了葛德文根据人类具有理性这一命题推论出的关于政治真理的五个命题，认为这五个命题是根本不成立的。马尔萨斯认为，前三个命题是一完整却不能成立的三段论，但马尔萨斯在论证此三段论不能成立的理由时，对大前提和小前提的论述一笔带过，并不明确。

马尔萨斯的重点在于反驳第四和第五个命题。针对第四个命题，马尔萨斯所要强调的是，“人类的罪恶和道德弱点在这个世界上绝不会被根除”。但葛德文认为，人是受到环境的影响的，人类的罪恶和道德弱点大都产生于不公正的社会和政治制度。所以葛德文主张消除诱人作恶的事情的方法在于废除当前这些制度，并进一步启发人的理智。马尔萨斯反对这一观点，他认为，“不管政治体制或社会制度如何，由于固定不变的自然法则的作用，大多数人必然会受到作恶的诱惑，而这种诱惑产生于情欲和匮乏”。也就是说，人的情欲和贫困决定了一切，这就是马尔萨斯抓住不放的信条。依据这一信条，马尔萨斯指出，葛德文所期望的人人品德高尚的追求无疑是在冒险，如同掷一百次骰子要求获得一百次六点，而这是难以实现的。马尔萨斯在否定葛德文的第五个命题即人是可以完善的时，所根据的就是这个信条。在马尔萨斯看来，要证明人间的罪恶和道德弱点是不能被根除的，仅仅需要回答的问题是，人是否“可完善”。马尔萨斯在后面的论述中将“完善”区分为“无限的完善”和“无法确定界限的完善”，指出无限的完善和无法确定界限的完善有本质的区别，如同雄心勃勃的花匠去精心照料的花朵，难以尽善尽美。因此，马尔萨斯得出的观点是，“我充分相信自己的判断，也可以言之凿凿地说，人和社会是不可完善的，不仅就葛德文先生所理解的‘可完善’一词的广义来说是如此，而且整个社会的状况与结构也不可能向着好的方向发生明显惊人的转变。我想表达的意思是，下等社会阶层，即人数最多因而从总体来看最为重要的那一部分人的生活境况，绝不会得到巨大而显著的改善”。

马尔萨斯通过对葛德文政治真理的五个命题进行批判，运用人口原理强调了人类的罪恶和道德弱点在这个世界上绝不会被根除，大多数人无法摆脱作恶的诱惑，因为情欲和贫困决定了一切。马尔萨斯得出的观点是人类社会是不可完善的，但这一观点的缺陷在于马尔萨斯用固定不变的自然法则来否定人类社会不断完善的任何可能性，他所列举的花匠与植物的例子也反映了他“绝对自然化”的倾向，而将原本是一个由自然法则和社会法则共同作用和决定的现象淹没在其中。同时，“人类社会的不可完善性”反映了马尔萨斯理论的保守性以及对社会及大多数人的命运所抱的悲观论和宿命论的态度。

第十五章

模式过于完美，有时可能并不是促进改良，反倒会阻碍改良——葛德文先生“贪婪与奢侈”一章——不可能把社会的必要劳动适当地分配给每一个人承担——嘲笑劳动在当前会产生恶，将来也不会带来善——农业劳动总量的增加，对劳动者来说总是好事

在《研究者》一书的序言中，葛德文先生似乎在暗示我们，自撰写《政治正义论》以来，他的观点已有所改变。因为《政治正义论》是他多年以前的作品，所以我不免在想，我所一直反对的那些观点，大概葛德文先生自己也看出有必要加以修改了。但是，在《研究者》一书的某些篇章里，葛德文先生的独特思维方式似乎一如既往地惹人注目。

人们常说，虽然不能指望任何事情都达到尽善尽美的境界，但立志追求尽善尽美的理想模式总是有益的。这种观点看似有理，但实际上却谬之千里。我甚至怀疑它是否适用于可能出现的一个最明显的例证。我怀疑，年轻画家临摹已经完成的精美的图画，是否能像临摹线条较清晰、涂色方法较易辨识的图画一样收获甚大。但是，如果我们所追求的完美模式不同于并强于自然存在的模式，那么我们肯定会向这种完美模式迈进。不过，假如我们不能全神贯注地紧盯着如此完美的模式，则我们很难达到预期的进步。一种具有高度智慧且无须吃饭睡觉的生物无疑要比人类完美得多，但倘若人类去模仿这

种生物，不仅无论如何模仿不来，而且会因不明智地去模仿完全不能仿效的事物，而损伤我们努力改善的那点理智。

从本质上讲，葛德文先生笔下的那种社会形态和社会结构，不同于迄今为止世界上流行的任何社会形态和社会结构，就像不吃、不睡的生物本质上不同于人类一样。即便我们改进当前的社会形态，也丝毫不会趋近于葛德文先生所描述的那种社会状态，就如同两个人平行前行，永远不会发生交集、走到一起那样。所以问题在于，把葛德文先生笔下的这种社会形态视为北斗星，究竟是会促进还是会阻碍人类的不断完善呢？在我看来，在其《研究者》一书的“贪婪与奢侈”一章中，葛德文先生已得出了不利于其观点的结论。

亚当·斯密博士很正确地指出，无论个人还是国家，都会因节俭而变富，因浪费而变穷，故每个节俭者都是国家的朋友，而每个挥霍者都是国家的敌人。其理由是：节省下来的收入总是会被用于增加资本；换言之，这部分收入不再用于供养非生产性的劳动，而用于供养生产性的劳动，即用于生产有价值的商品。显然，再没有比这更正确的说法了。表面上看，葛德文先生在其文章中讨论的问题与这有点相似，但实质上却有天壤之别。他认为，浪费的危害是人所共知的事实，不必再加以论述，应该加以比较的是贪财者和花自己钱的人。葛德文先生所说的贪财者与亚当·斯密博士所说的节俭者相比，至少就他们对国家繁荣的影响来说，是迥然不同的。节俭者把节省下来的收入用于增长资本，以赚更多的钱，因而他要么亲自运用这种资本来维持生产性的劳动，要么借给他人来维持生产性的劳动。与把财富当作收入使用相比，把财富当作资本使用不仅能调动更多的劳动，而且调动的劳动也更有价值，因此，这种节俭使国家受益，增加了国家的总资本。但是，葛德文先生所说的贪财者却把财富锁在柜子中，既不能调动生产性劳动，也不能调动非生产性劳动，与节俭者之间具有根本性的差别。因此，如果亚当·斯密博士的观点具有显而易见的正确性，那么葛德文先生在其文章中提出的观点就必然是错误的。葛德文先生肯定会想到，把供养劳动力的钱束之高阁，定然会带来某些危害。他所拥有的可以削弱这种反证观点的唯一方法，便是比较这两类人，分析哪一类人更能促进人类平等幸福状态的到来。在葛德文先生看来，我们应目不转睛地时刻盯着这种平等状态，视其为我们前行的北斗星。

我在前面已经证明，这样一种社会状态完全是空中楼阁。那么，在政治发现的茫茫大海中，把这样一种社会状态视为我们的向导和北斗星，究竟会带来什么样的后果呢？理性会告诉我们，由此得到的只有愈刮愈大的逆风、无穷无尽且又毫无结果的苦役、频繁的船只失事，以及一个接一个的灾难。实际上，我们非但丝毫不会趋近于那种完美的社会形态，而且由于在无法前行的方向上白白浪费精力与体力而节节败退，或一而再、再而三地遭遇不幸，反而会阻碍实际上可获得的社会改良。

显而易见，按照葛德文先生的理论体系建立起来的社会，在无法逃避的自然法则的作用下，将分裂为所有者阶级和劳动者阶级。用仁爱取代自爱成为社会的推动力，这样非但不会带来预期的、有益的结果，反而会使人对这一漂亮字眼感到失望，而且会使现在只是一部分人感受到的物质资料的匮乏蔓延到整个社会。天才人物的全部卓越努力，人类心灵所有美好而细腻的情感，实际上区别文明状态与野蛮状态的一切东西，有哪一样不是仰赖于现行的财产制度？有哪一样不是依赖于表面狭隘的自爱之心？现行的财产制度和自爱之心是人类得以进化到目前这一高度的梯子。文明人的本性尚未发生足够大的变化，以致我们可以说他们能安全地扔掉帮助他们达到这一高度的梯子。

如果在每一个超越了野蛮状态的社会，都必然存在着所有者阶级和劳动者阶级，那么很显然，由于劳动是劳动者阶级唯一的财产，因而凡是趋于降低这种财产价值的事物，必然也趋于减少劳动者阶级所拥有的财产。穷人自谋生路的唯一方法是运用自己的体力；体力是他们能用以换取生活必需品的唯一商品。因而很显然，缩小这种商品的市场，减少对劳动力的需求，降低穷人仅仅拥有的这一财产的价值，几乎不可能使穷人受益。

应该指出的是，本章的论述只是想要证明所有者阶级和劳动者阶级存在的必然性，而绝不是希望由此推论说，当前财产分配上的巨大不均等是必要的，或对社会是有益的。相反，我认为，必须把这种不平等视为一种罪恶，凡是促进这种不平等的制度从本质上说都是有害的、不适当的。但是，政府积极出面消除财富分配的不均等是否对社会有利，却仍是疑问。用任何限制自由的制度来取代亚当·斯密博士和法国经济学家所提倡的那种宽容的、完全自由的制度，或许都是不适当的。

葛德文先生也许会说，整个交换制度都是肮脏卑劣的；如果想要从根本上解救穷人，就应该亲自分担穷人的劳动，或者把自己的钱分给穷人而不要求相应的回报。对此，我们可以确切地回答说，即便能够劝说富人以这种方式帮助穷人，其作用也是微不足道的。富人虽然自以为很重要，但其人数相对于穷人来说却很少，因而分担他们的劳动只能解除他们很小一部分负担。假设所有生产奢侈品的劳动都改为生产必需品，而且这种必要劳动可以适当分配给每一个人承担，那么每个人承担的劳动确实会比现在轻松。这种分担劳动的方法无疑是很好的，可我想象不出根据何种切实可行的原理能做到这一点。前文已证明，在葛德文先生所描述的那种严格且无私的正义的引领下，仁爱精神若受到大力发扬，将会使整个人类陷入贫困与苦难的深渊。让我们来看一下，如果所有者在为自己保留一份适当的财产后，把剩余财产分给穷人而不要求他们以做工作为回报，将会带来什么样的后果？在当前的社会状态下，普遍采用这种做法可能带来懒惰与罪恶，增大减少土地产出的风险，诱使劳动者过奢侈的生活。即便暂且撇开这些不说，也还有反对这种做法的另一个理由。

葛德文先生似乎并不那么重视切实可行的原理。与仅仅阐述现存社会状态的丑恶和另一种社会状态的美好，而不提出切实推进美好状态的人相比，善于指出如何达到次好状态的人更加伟大，对人类也更有裨益。

如前所述，在人口原理的作用下，缺衣少食者将永远多于衣食无忧者。富人的剩余物也许能养活三个人，但会有四个人想得到施舍，故只能从四个人中挑选出三个人。被选上的人必然会感受到别人很大的恩典，从而产生一种依附感。在这种情况下，富人会感觉到自己的权力，而穷人则会感觉到自己的依附性。这两种情感对人类心灵的有害作用是众所周知的。所以，虽然我完全同意葛德文先生的观点，认为艰苦的劳动是一种罪恶，但与依附于他人相比，艰苦的劳动是一种较小的罪恶，不会使人类的心灵堕落到如此程度。

而且，我所读过的全部人类史都明白无误地表明，让一些人握有永久性权力是极其危险的。

在当前的情况下，特别是在需要有人劳动的情况下，某人为我干一天活给予我的恩惠，与我给予他的恩惠一样多。我拥有他需要的东西，他拥有我需要的东西，我们彼此交换，各得其所。穷人由此而感到自己的自立，可以昂首走路，雇主的心灵也不会被对权力的欲望所玷污。

相对于总人口而言，英国三四百年前的劳动力人数无疑要比现在少得多，但穷人的依附性却比现在大得多。现在，我们之所以能享有这么多的公民自由，也许是因为制造业兴起后，穷人可用自身的某种东西来换取大地主的食物，而不是依赖于大地主的施舍。即便是商业贸易和制造业的坚决反对者——我就不认为我是贸易和制造业最忠诚的支持者——也不得不承认，贸易和制造业在英国兴起后，给公民带来了更多的自由。

以上所述丝毫没有要贬低仁爱之心的意思。仁爱之心是人类心灵中最高尚、最神圣的品质之一；它由自爱之心缓慢而逐渐产生出来，随后成为一项一般法则，其作用是帮助克服其原生父母即自爱之心的种种弊端，矫正其乖情，缓和其暴躁，抚平其皱纹，而这似乎就是整个大自然的写照。也许没有一项自然法则不在某种程度上带来罪恶，至少在我看来总是如此。与此同时，我们也时常看到，大自然的某种慷慨馈赠会构成另一项一般法则，纠正前一种一般法则造成的不平等。

仁爱之心的作用，实际上就是适当缓和自爱之心带来的恶，但仁爱之心绝不能取代自爱之心。如果人只有在完全明白了与彼种行为相比，此种行为更有利于公共福利之后才有所行动，那么就连最聪明的人，也难免会茫然不知所措；至于愚昧无知者，则会接连不断地犯错。

由此可见，葛德文先生并未提出任何切实可行的方法，把必要的农业劳动分配给全体劳动者阶级来共同承担；他只是泛泛地反对雇用穷人干活，似乎是想通过现在的大恶来追求未来遥不可及的至善。如果把雇用穷人视作与穷人为敌、压迫穷人，因此而宁愿要守财奴而不要消费者，那么，为了有利于社会，就应该把现在的消费者转变为守财奴。假设有 10 万名雇主，每位雇主可分别雇用 10 人，但如果他们现在把钱都锁入钱柜而非雇用工人，则显而易见，将会有 100 万名各行各业的劳动者丢掉饭碗。即便是葛德文先生恐怕也不会否认，在当前的社会状态下，这会带来巨大的灾难。如此一来，葛德文先生恐怕很难证明，这种守财行为要比消费行为更加有利于“使人类处于理应所处的状态”。然而，葛德文先生却辩驳说，守财奴实际上什么也没有锁起来，是人们没有正确地理解这个问题，因为财富的性质已经发生了变化，而当前有关财富的定义并不适用于说明这一问题。为此，他给财富下了一个很正确的定义，认为财富是人类劳动产出的商品；他继而指出，守财奴既没有把谷物锁起来，也没有把耕牛、衣服、房屋锁起来。也许的确如此，但是，守财奴却把生产这些物品的能力锁起来了，而这实际上与把这些物品锁起来并无二致。与其同一时代的人会照样使用和消费这些东西，在很大程度上他就像个乞丐那样。但是，如果他们用钱财开垦更多的土地，饲养更多的耕牛，雇用更多的裁缝，建造更多的房屋，则与其同时代的人会有更多的物品使用和消费。即便暂且假设，守财奴的行为不会阻碍真正有用的东西的生产，所有那些失业者又将用什么东西来换取社会生产的食物和衣服呢？这也是一个无法克服的问题。

我完全同意葛德文先生的这一看法，现在世界上的劳动力远远多于实际需要的劳动力数量，即便下等社会阶层一致同意，每天工作不超过六七个小时，仍然会生产出满足人类幸福所必需的商品，而且数量丝毫不会少于现在的产量，只是我们很难想象这种协议会得到遵守。在人口原理的作用下，有些人必然会比另一些人更贫穷。家庭成员众多的人自然想多干两小时的活，以换取更多的生活资料。有什么方法可用来阻止他们的这种交易吗？方法也许是有的，但若订立明确的规章来干预人类对自己劳动力的支配权，那就侵犯了人类拥有的最基本和神圣的财产。

所以，除非葛德文先生能提出某种切实可行的方案，据此可以平均分配社会改良所必需的全部劳动，否则，他对劳动的非难，一旦引起人们的注意，不仅必将产生更多的恶，而且也丝毫不会使我们趋近于他理想中的人人平等的状态。葛德文先生把这种平等状态视若北斗、奉为圭臬，当作是未来社会发展的向导，并以此决定人类行为的性质和取向。然而，航海家若真以这样的北斗星作引领，恐怕很快就会触礁遇险。

就一个国家而言，特别是对于一个国家的下等社会阶层来说，使财富利益最大化的方式，也许就是土地改良，使本来不值得耕种的土地变得肥沃而多产。假如葛德文先生运用其雄辩的口才，来向那些雇用穷人生产奢侈品的富人描述改良土地的价值和效用，那么每一个开明的人士都肯定会为他鼓与呼。农业劳动需求的增加，必将有助于改善穷人的境况；如果增加的劳动用于改良土地，则穷人非但不会为 8 小时的报酬而工作 10 小时，实际情况反而正好相反，劳动者以前为了养家糊口需要干 8 小时的活儿，现在只要干 6 小时就够了。

生产奢侈品的劳动，虽然有助于全国粮食产品的分配，且不会以权力损害所有者的利益，也不以依附性降低劳动者的人格，但却无助于改善穷人的境况。制造业中劳动力的大幅增加，虽然比农业劳动需求的增加更有助于提高劳动力的价格，但是由于在这种情况下，全国的食物数量不可能相应增长，食物的价格必然会随着劳动力价格的上涨而成比例上涨，故穷人得到的利益仅仅是暂时的。关于这一问题，我不能不谈到亚当·斯密博士的《国富论》，并不胜惶惑地谈一谈与这位大名鼎鼎的政治界泰斗的分歧。

本章导读

马尔萨斯指出，葛德文所描述的那种社会形态和社会结构似“空中楼阁”，难以企及。如果把这种社会形态作为指引人类社会发展的“北斗星”，不仅不会发挥促进作用，反而存在阻碍人类不断完善的可能。

马尔萨斯批判了葛德文在《研究者》一书中关于贪欲和浪费的观点，并与亚当·斯密的观点进行了对比。他指出，葛德文所描绘的“贪财者”和亚当·斯密所提出的“节俭者”的区别，在于他们手中的资本是用于生产性劳动还是非生产性劳动，看哪一种人更能促进人类的平等。对葛德文的批判正是基于这一立场，以反射关于未来社会的构想。在马尔萨斯看来，这一构想似“船在海中逆风而行，危险重重”，不仅不利于社会的完善，反而阻碍了社会的改良。马尔萨斯批判道，“按照葛德文先生的理论体系建立起来的社会，在无法逃避的自然法则的作用下，将分裂为所有者阶级和劳动者阶级。用仁爱取代自爱成为社会的推动力，这样非但不会带来预期的、有益的结果，反而会使人对这一漂亮字眼感到失望，而且还会使现在只是一部分人感受到的物质资料的匮乏蔓延到整个社会”。在马尔萨斯看来，“在人口原理的作用下，缺衣少食者将永远多于衣食无忧者”。劫富济贫无济于事，公平的分配和对穷人的施舍只会使穷人受害，唯有仰赖于私有财产制度和自爱之心才能达到现行的文明社会。马尔萨斯认为，私有财产制度可能会使穷人处于艰苦的劳动之中，但消除了穷人依附于他人的“罪恶”，穷人能够自由地通过劳动获取食物，而不是依赖于别人的施舍。而对于自爱之心而言，依然遵循了自然法则的规律，是不会消失的，仁爱之心或许能“适当缓和自爱之心带来的恶，但仁爱之心绝不能取代自爱之心”。

按照葛德文的观点，应该用平等制度代替私有制度。而在马尔萨斯看来，这一可望而不可即的后果会使穷人无法得到雇用，“因为这会被视作压迫穷人”，消除现有的私有制度无疑是把现行的生产性资本封锁起来，从而导致穷人丢掉饭碗，带来更大的灾难。按照马尔萨斯的观点，当前问题的关键在于“世界上的劳动力远远多于实际需要的劳动力数量”。为此，他主张改良土地，通过增加农业劳动需求来改善穷人的境况。

葛德文批判当时社会缺乏平等制度，充满了剥削，导致穷人生活在水深火热之中。马尔萨斯同样也看到了穷人的艰苦处境，但他认为这是无法改变的事实，因为贫困是永远也无法根除的。马尔萨斯并没有看到穷人的贫困是源自资本家的剥削，由穷人创造的剩余价值已被资本家非常隐蔽地收入囊中。从某种意义上看，贵族出身的马尔萨斯，其实是在为现行的不平等的社会制度做辩护，尽管他的辩护可能是一种不自觉的行为。

第十六章

亚当·斯密博士认为，社会收入或社会资本的每一次增长都会导致供养劳动者的基金增长，这种观点可能是错误的——在某些情况下，财富的增长丝毫无助于改善穷苦劳动者的境况——虽然英国的财富在增长，但供养劳动者的基金并未相应增长——在另一些国家，即便制造业推动财富增长，穷人的境况也难以得到改善

亚当·斯密博士公开宣称，他撰写《国富论》的目的在于研究国民财富的性质和原因。同时，他还间或地从事另一项也许更加令人感兴趣的研究，即他有时还研究影响国民幸福或下等社会阶层幸福与安乐的种种原因。无论在哪一个国家，下等社会阶层都是人数最多的阶级。我清楚地知道，这两个问题是密切相连的：一般来说，有助于增加一国财富的因素，同样也有助于提升下等社会阶层人士的幸福感。但是，亚当·斯密博士也许把这二者之间的关系看得过于紧密了，以致忽视了另外一些情况，即就他给财富下的定义而言，有时社会财富的增长，丝毫无助于劳动阶级幸福的增长。这里，我并不想从哲学角度讨论人类幸福的各种构成要素，而只想考察其中两个得到公认的构成要素，即健康和对生活必需品及便利品的支配权。

无可置疑或几乎毫无疑问的是，穷苦劳动者的安乐取决于供养劳动者的基金的增长，并完全与这种基金的增长速度成正比。这种增长引起的对劳动

力的需求，会引起市场上的竞争，从而必然提高劳动力的价值。这是因为，在所需的更多的工人被培养出来之前，供养劳动力的基金就开始增长，而分享这种基金的人数仍保持不变，故每个劳动者将比以前过得更好。但是，亚当·斯密博士认为，社会收入或社会资本的每一次增长，都会带来劳动力供养基金的增长，这种观点也许是错误的。诚然，剩余的资本或收入总会被占有者视为可用来供养更多劳动力的额外资金；但是，除非增长的资本或收入的全部或至少其中的绝大部分能转变为相应的食物，否则，增长的收入就不是真正有效的、可用来供养多余劳动力的基金。如果收入的增长仅仅是劳动产品的增长所造成的，而不是土地产品的增长所造成的，那么，增长的收入就不会转变为食物。在这种情况下，社会资本所能雇用的工人人数与土地所能供养的工人人数显然就是有区别的。

下面，举一个例子来进一步阐释我的意思。根据亚当·斯密博士给国民财富所下的定义，一国的财富是由该国的土地年产品和劳动力年产品共同构成的。显而易见，根据这一定义，财富不仅包括农业产品，而且包括工业产品。现在，让我们假设，某个国家在一段时间内，每年剩余的年收入不是用于增加对土地的资本投入，而仅仅应用于工业制造上，那么很显然，根据上述定义，虽然该国会变得更加富有，但因为供养劳动力的实际基金丝毫没有增长，它也无力供养更多的劳动者。尽管如此，每个制造商却有能力或至少自认为有能力扩充其原有的营业资本或增添新业务，从而对劳动力产生新的需求。这种需求自然会提高劳动力的价格，但如果该国食物的年产量并未增长，那么劳动力价格的上涨很快就会变成仅仅是名义上的上涨，因为食物的价格必然也会随之上涨。诚然，对制造业工人需求的增长，会诱使许多人脱离农业，从而减少农业产量。这里，我们假设，农具的改进可以完全抵消这种副作用，从而使得粮食产量保持不变。同时，制造业使用的机器也会得到改进，加上所雇用工人人数的增长，故从总体上看，该国劳动力的年产量会大大增长。因而，根据上述亚当·斯密给财富下的定义，该国的财富每年都会增长，而且增长的速度可能还会较快。

但问题是，由此而增长的财富是否有助于改善穷苦劳动者的生活境况？

一个显而易见的命题是，在食物存量保持不变的情况下，劳动力价格的普遍上升，只可能是名义上的上升，因为食物价格在短期内必然也会随之上涨。所以，我们所假设的劳动力价格的提高，将几乎不会或根本不会使穷苦劳动者拥有更多的生活必需品和生活便利品。一方面，他们的处境和过去几乎一样；另一方面，将有更多的穷苦劳动者进入制造业工厂工作，而农业部门的劳动力将随之减少，从而可能进一步恶化他们的境况。我认为，大家也都会认同，职业的这种变换非常不利于身体健康，而健康是人类幸福的一个极其重要的因素。此外，由于个人喜好的变化无常、战争的爆发或其他原因，制造业工厂的工作比农耕更不稳定。

有些人或许会说，我所假设的这种情况是绝对不可能发生的，因为食物价格的上涨会马上驱动部分新增资本流入农业部门。即便如此，这一流向可能十分缓慢，正如我们所见，劳动力价格总是先于粮食价格上涨，而这会妨碍粮食价格上涨对农业可能带来的有利影响。

另外一些人也许会说，资本的增长会使该国有能力进口足够的粮食来供养受雇之人。的确，像荷兰那样拥有强大海军且内陆交通运输十分发达的小国，确实可以进口和销售大量的食物；但是，在这方面条件较差的大国，粮食价格必须非常高才能使进口和销售粮食有利可图。

迄今为止，也许从未出现过与我的假设完全相同的情形，但我确信，要找出与其相类似的情形是很容易的。实际上，我强烈地认为，工业革命以来的英国就为我的论点提供了一个非常明显的佐证。

英国的商业，无论是国内贸易还是对外贸易，在 17 世纪就已得到迅猛发展；英国土地和劳动力的年产量在欧洲市场上的交换价值无疑也得到了很大的提高。但是，若深入考察便会发现，提高的主要是劳动产品的价格而非土地产品的价格，因而，虽然英国的财富迅速增长，但供养劳动力的实际基金却并未同步增长，其结果是可想而知的。英国财富的不断增长几乎没有或完全没有改善穷苦劳动者的生活境况；他们现在拥有的生活必需品和生活便利品与过去相差无几；相反，与工业革命时期相比，他们中有更多的人在工厂上班，拥挤在密不透风、有害健康的屋子里。

假如我们相信普赖斯博士所言，英国人口自工业革命以来在不断减少，那么显而易见的原因是，尽管其他方面的财富在增长，但供养劳动力的实际基金却在不断减少。我认为，一条一般性的规律是，如果供养劳动力的实际基金在增长——如果新增资本不仅用于雇用更多的工人，而且投资于土地，进而可供养更多的农民——那么即便发生普赖斯博士所列举的那一场场战争，也会很快就生养出较多的劳动力。所以，如果某国的人口增长处于停滞状态或人口总量处于减少状态，那么，我们就可以很有把握地推论说，不论其制造业方面的财富有多大的增长，其供养劳动力的实际基金并未增长。

我们很难想象，自工业革命以来，英国的人口在不断减少；不过，所有的证据都证明，英国人口即便有所增长，其增长速度也十分缓慢。在这一问题引起的论战中，普赖斯博士显然比所有其他对手对该问题的了解都更为全面和更加精确。仅仅据此论战判断，我认为，普赖斯博士的观点比休利特博士[①]的观点更接近事实的真相，尽管事实的真相也许介于这两种主张之间。我依旧认为，自工业革命以来，英国人口的增长速度与财富的增长速度相比，一直十分缓慢。

圈占公有土地和开垦荒地确实有助于提高英国的粮食产量，故很少有人相信，在过去的一百年中，土地的产出在不断减少，或处于绝对静止状态；但也有人坚信，圈地运动常常带来适得其反的效果，因为从前生产谷物的土地在转变成牧场后，雇用的人手比圈占前减少了，所能养活的人口自然也比从前减少了。诚然，一条公认的真理是，在肥沃程度相等的情况下，一块牧地所能产出的生活资料，低于农业所能产出的生活资料。假如我们能确定无疑地说，对上等鲜肉需求的不断增长将推动其价格的不断上涨，从而使每年都会有更多的良田用于放牧，那么，可以肯定的是，由土地用途的转变而导致的生活资料的减少，或许已抵消了圈占荒地和农业技术改良所带来的利益。

当前高昂的鲜肉价格并非是鲜肉稀缺之故，从前鲜肉价格低廉也并非因鲜肉充盈所致；今昔价格的不同，是由于牲畜上市所需的费用不同，这一点

① 约翰·休利特（John Howlett，1731—1804），英国政治经济学家、牧师。

几乎是毋庸置疑的。虽然，一百年前，英国家畜的数量也许比现在多，但毫无疑问，现在上市的优质肉要比以往任何时候都多。在鲜肉价格低廉的过去，家畜主要是在荒地上饲养的；除了供应某些大市场外，家畜可能还没等到上膘就被屠宰了。当前，一些边远郡县出售的小牛肉的价格也很低廉，但与在伦敦购买的小牛肉相比，除名称之外再无其他相同之处。以前，鲜肉的价格不足以补偿在荒地上饲养家畜的费用，更不用说补偿在可耕地上饲养家畜的费用了；现在的价格则不仅能补偿在良田上使家畜增膘的费用，而且能补偿在高产田地上饲养家畜的费用。不同时期屠宰的相同数量的家畜，甚至相同重量的家畜，其消费（恕我使用这样的表达方法）的食物数量是大不相同的。用法国经济学家的话来说，一头膘肥体壮的家畜在某些方面可以被看作是一个非生产性劳动者，即不为其所消耗的原料增添任何价值的人。就英国土地的一般肥沃程度而言，当前英国饲养家畜的方法显然要比过去的饲养方法更可能减少食物数量。

我的意思绝对不是说，以前的饲养方法能够或者应该被继续采用。鲜肉价格的提高，无疑是农业全面进步所带来的一个自然且必然的结果；但我认为，当前对优质鲜肉的需求之大，从而每年用以生产优质鲜肉的良田之多，加上当今用于娱乐的马匹之众，是阻碍英国粮食数量增产不能与土地肥力同步提高的主要原因。因此，我认为，改变这些习俗，将对英国的粮食数量和人口增长带来非常明显的影响。

大量最为肥沃的土地用于放牧，农具不断得到改进，大农场日趋增加，特别是全国各地的小农人数不断减少，这一切都证明，现在从事农业劳动的人很可能会少于工业革命时期的数量。新增人口几乎都被工厂所吸纳。制造业之所以需要更多的劳动者，仅仅是因为时尚瞬息万变：过去人们喜欢丝绸，现在则喜欢棉布；以前人们喜欢带扣和金属扣，现在则喜欢鞋带和暗扣。加上行会和教区法对劳动力市场的限制，迫使成千上万的人不得不依靠救济为生。事实上，济贫税的大幅度提高就有力地证明了，穷人拥有的基本生活资料和生活便利品并未增长。由此可见，穷人的境况不仅没有得到改善，反而有所恶化。此外，现在有比过去多得多的穷人在工厂干活，无论是在健康方面还是在道德方面，他们都深受其害。如果考虑到以上两点，我们就不得不承认，近年来财富的增长丝毫无助于提升穷苦劳动者的幸福度。

如果一个国家的新增资本或收入不等同于劳动力实际供养基金的增长，那也就不可能改善穷人的境况。将该论点用于中国，情况就更为一目了然了。

亚当·斯密博士指出，也许在很久以前，中国就已经富裕到了其法律和制度的性质所允许的程度，但如果改变其法律和制度，重视对外贸易，中国也许会富裕得多。但问题是，财富的这种增长是否会带来劳动力的实际供养基金的相应增长，从而有助于使中国的下等社会阶层过上比较富裕的生活呢?

显而易见，如果中国非常重视国内商业和对外贸易，则由于劳动力数量充足、劳动力价格低廉，中国可以制造出大量产品以供出口。同样显而易见的是，由于其所需的食物数额巨大，且领土面积大得惊人，所以中国无论进口多少食物，都不可能使其每年的食物总量有明显的增长。因此，中国主要用其数量巨大的制造品来同世界各国交换奢侈品。在食物生产方面，中国当前似乎并未节省任何劳动力。相对于资本所能雇用的劳动力来说，中国的人口过于稠密，因而劳动力非常充裕，也就无须劳神费力地来节省劳动力，由此带来的结果也许是，土地所能提供的食物产量已经达到了极限。节省劳动力的方法虽说可能会使农民以更为低廉的价格向市场供应一定数量的食物，但却会减少而不是增加粮食总供给。故而，就农业而言，节省劳动力的做法在某些方面主要对私人有利，而非对公众有利。

中国若运用大量资本建立面向对外贸易的制造业，势必要求大量的农民转变为工厂的工人，从而致使上述状态发生变化，由此在某种程度上减少国家的粮食总产量。一方面，制造业对劳动力需求的增长，自然会提高劳动力的价格；但另一方面，由于食物数量不会增长，故食物价格会以相同的幅度上涨；而如果食物数量减少，食物价格上涨的幅度甚至会超过劳动力价格上涨的幅度。中国的财富显然会增长，其农业年产品和工业年产品的交换价值也会逐年提高，但劳动者的实际供养基金却保持不变甚至减少，由此，中国财富的增长并不一定会改善穷人的生活境况，反倒可能会使穷人的生活境况进一步恶化。就所拥有的生活必需品和生活便利品的数量来说，穷人的境况会与以前相同甚至比以前更差；而且，他们当中的大部分人将不再从事有益于健康的农业劳动，转而在有损于健康的制造业工厂中干活。

将上述论点应用于中国看起来将会更加清晰明了，这是因为大家都一致认为，中国的财富增长长期以来一直处于停滞状态。而就任何其他国家来说，只要拿两个时期做对比，哪个时期的财富增长较快，总是个争论不休的问题。根据亚当·斯密博士的说法，穷人的生活境况正是取决于财富的增长速度，不过显而易见，两个国家的农业产品和工业产品的交换价值是可以按完全相同的速度增长的。然而，如果一国主要从事农业，而另一国主要从事制造业，那么，劳动力的供养基金以及财富的增长在这两个国家所起的作用，将会迥然不同。在主要从事农业的国家，穷人的生活会很富裕，人口增长会非常迅速；在主要从事制造业的国家，穷人得到的利益相对来说少得可怜，人口的增长也很缓慢。

本章导读

马尔萨斯的悲观人口论贯穿《人口原理》始终。在第八至十五章中，马尔萨斯集中篇幅评价驳斥孔多塞、葛德文等人关于人类未来社会“可完善”的观点，以说明未来社会“不可完善”。亚当·斯密在《国富论》中对国民财富与劳动者的关系进行了探讨，认为社会财富的每一次增长都会导致供养劳动者的基金增加，为未来社会发展提供了一种可以预见的积极进步。毫无疑问，亚当·斯密关于社会与劳动者之间的积极预期与马尔萨斯“忧郁的色调”相悖，并成为马尔萨斯人口理论争议的焦点之一。

首先，社会财富的增加并不会相应增加劳动者所需要的产品。马尔萨斯将社会财富分成农业产品和工业产品两个部分，其中，农业产品是劳动者所需要的，并成为改善其福利的重要构成部分。社会财富的增加仅增加了工业产品，而真正供养劳动者的农产品并没有显著增加。正如他所言，“除非增长的资本或收入的全部或至少其中的绝大部分能转变为相应的食物，否则，增长的收入就不是真正有效的、可用来供养多余劳动力的基金”。

其次，基于工业产品导致的财富增长并不会改善穷苦劳动者的生活困境。尽管社会财富增加，但劳动者拥有的生活必需品和生活便利品并不会增加，反而因为工业的发展吸纳更多的人从事工业生产，促使国民财富进一步增加，从而形成社会财富与劳动者生活处境的恶性关系，“无论在健康方面还是在道德上，他们都深受其害”。马尔萨斯进一步以中国为例，阐述了中国财富的增长并不利于穷人生活的改善。

马尔萨斯在反驳亚当·斯密关于“社会财富与供养劳动者的基金的积极关系”的过程中，提出了“制造业工厂的工作比农耕更不稳定”“在主要从事农业的国家，穷人的生活会很富裕，人口增长会非常迅速；在主要从事制造业的国家，穷人得到的利益相对来说少得可怜，人口的增长也很缓慢”等观点。这些观点与马克思倡导的无产阶级贫困化理论有相似之处，即在资本主义制度下，无产阶级的经济地位和社会生活状况恶化是一个客观过程，且在论述中也折射出对工业社会的批判，甚至似乎透露出其对均等分配制度的渴求。但实际情况是，马尔萨斯竭力维护以土地贵族为主的上流社会的利益，他试图通过“土地”“粮食”的重要性等论调去反驳以亚当·斯密为代表的新兴资产阶级的利益，从而进一步反对社会改良。

马尔萨斯以其悲观主义论调反驳亚当·斯密的积极思想，却多少陷入了论证逻辑的矛盾，看起来十分不明智。亚当·斯密的古典经济学工资基金说本来就意味着这部分资本会转化为工资，成为劳动者的收入，收入再转化为他们所需要的产品，否则，这种工资基金就没有什么意义了。马尔萨斯的评论显然是多此一举。亚当·斯密与马尔萨斯作为古典政治经济学家的代表，其思想体系并非我们能从简单的只言片语中即可领悟，关于两位大家之间思想的交锋，还需从文中以及更多的著作中去领悟。

第十七章

一个国家财富的适当定义——法国经济学家认为，所有制造业者都是非生产性劳动者，但他们给出的理由是不正确的——工匠和制造业者的劳动虽然对国家来说不是生产性的，但对个人来说却完全是生产性的——普赖斯博士的著作《观察》中有一段值得注意的话——普赖斯博士错误地把美国的幸福状态和人口的迅速增长归因于其特有的文明状态——对社会改良道路上的困难视而不见是毫无裨益的

这里自然会产生这样一个问题：农业产量和工业产量的交换价值，是否为一个国家财富的适当定义？或者说是否应当按照法国经济学家的定义，把一个国家的财富更精确地界定为土地总产量的价值？的确，根据法国经济学家的定义，财富的增长总会带来劳动力供养基金的增长，从而总是有助于改善穷苦劳动者的生活境况。虽然根据亚当·斯密博士的定义，财富的增长不一定会产生这样的作用，但并不能由此而推论说，亚当·斯密博士的定义是错误的。从许多方面来说，把一国人民的住房和衣物排除在收入之外并不恰当。尽管与粮食相比，住房和衣物等确实是微不足道且价值甚微的，但仍应当把它们视为国家收入的一部分。所以，我更赞同亚当·斯密博士的观点，下面这一点除外：他似乎认为，一个国家的新增财富——收入或资本——都会相应地带来劳动力供养基金的增长，从而总是有助于改善穷苦百姓的生活

境况。

富国生产的精致的丝绸、棉布、花边和其他用于装饰的奢侈品，无疑会极大地提升该国工业产品的交换价值，但对社会的幸福感的提高却收效甚微。在我看来，我们应根据产品的实际效用来评估不同种类劳动力的生产性和非生产性。法国经济学家认为，用于工厂制造业的全部劳动力都是非生产性的。若把这些劳动力与农业劳动力相比较，我完全同意法国经济学家的观点，但我持这种观点的理由与他们列举的理由却不尽相同。他们认为，农业劳动力之所以是生产性的，是因为农业产品在向劳动力和农场主支付全部报酬后，还能向地主支付纯地租；而生产花边的劳动力之所以是非生产性的，是因为生产的花边仅仅能补偿工人消费的食物和雇主垫付的资本，一点纯地租都不提供。但是，在我看来，即便假设生产花边的价值如此之大，以至在向工人和雇主支付全部报酬后，仍能向第三者提供纯地租，但相对于农业劳动者而言，生产花边的劳动者仍然是非生产性的。虽然根据法国经济学家的推理，在这种情况下，雇用来生产花边的工人似乎是生产性劳动力，但根据他们对一国财富所做的界定，却不应把他们当作是生产性劳动者。一方面，他们不会为农业总产量带来任何贡献，反而会消耗一部分农产品，只留下少许花边作为回报；另一方面，虽然他们出售花边换得的食物可以是他们制作花边时消费的食物的三倍，从而对他们自己来说，制作花边的劳动具有很高的生产性，但却不能认为他们通过这种劳动增加了国家财富。所以，某种产品在支付了生产费用后是否还能提供纯地租，似乎不是判断某一特定种类的劳动之于一个国家来说，是生产性劳动还是非生产性劳动的唯一标准。

假设有 20 万人，原先他们被雇用于生产仅仅用于满足少数富人虚荣心的产品；假如他们现在改而被雇用于开垦荒地，但仅能产出他们消耗的食物的一半。即便他们的劳动非但不能向第三者提供地租，而且产出来的食物只能补偿所消耗食物的一半，但对于国家来说，与过去相比，他们的劳动生产力却提高了。在以前，他们消耗一定数量的食物，产出丝绸和花边；现在，他们消费等量食物，却生产出可养活 10 万人的食物。生产出来的这两种产品究竟哪一种真正对国家最为有利是不言而喻的。我认为，用财富养活 20 万人来生产更多的食物比养活他们来生产丝绸和花边更有意义。

用于土地的资本对于个人来说也许是非生产性的，但对于整个社会来说却是高度生产性的。与此相反，用于制造业的资本对于个人来说也许是高度生产性的，但对于整个社会来说却可能几乎完全是非生产性的。正是由于这一原因，而不是根据法国经济学家给出的理由，我才把相对于农业劳动而言的工业劳动称作非生产性劳动。显然，我们在看到工商业积聚起巨额财富和许多商人过着非常富裕的生活后，就很难继续认同法国经济学家的判断，即制造商只有依靠节衣缩食才能发家致富。其实，许多工业行业的利润之大，足以向第三者提供纯地租；但由于根本没有第三方，故全部利润都集中在制造商或商人手中。他们无须节衣缩食，就有可能发财致富。所以，我们可以看到，一些生活并不节俭的人，通过经营工商企业而获得了巨额财富。

日常经验告诉我们，工商业劳动对于个人而言具有高度的生产性，但对于国家来说却显然不具有相同程度的生产性。食物的每一点增长都有助于增进整个社会的直接利益；而来自工商业的财富却仅以间接且不确定的方式帮助增进整个社会的利益；在某些方面，这类财富甚至还可能带来相反的结果。目前，国内贸易是各国最重要的商业活动。中国没有对外贸易，却是世界上最富裕的国家。暂且撇开对外贸易不说，我们也可以得出如下结论：能工巧匠虽然可从食物总量中获取双份食物，但他对国家的价值肯定不如通过自己的劳动为原有食物总量增添一份食物的人。丝绸、花边、装饰物以及昂贵的家具等消费品，毫无疑问是社会收入的一部分，但它们仅仅是富人的收入而非整个社会的收入。故此，这部分收入的增长并不具有与粮食增长相同的重要性；只有粮食才是广大人民群众的主要收入。

按照亚当·斯密博士对财富的界定，而非按照法国经济学家所下的定义，对外贸易可以增加一个国家的财富。人们之所以对对外贸易如此高度重视，主要的原因在于，它可以大大提升一国的外交力量，并对其他国家的劳动力产生支配权。但是，略加考察便会发现，对外贸易几乎无助于提高国内劳动力的供养基金，因而几乎无助于增进绝大多数社会成员的福祉。按照财富增长的自然进程，制造业和对外贸易的发展应在农业的高度发展之后。在欧洲，事物发展的这一自然顺序被颠倒过来，土地的耕种依赖于制造业的过剩资本，而制造业的兴起并非依赖于农业资本的过剩。过度鼓励城市工业的发展，工匠的劳动由此而得到高于农民的报酬，这或许是欧洲为什么有那么多土地尚未得到耕种的原因。假如整个欧洲奉行另外一种政策，其人口无疑会比现在多得多，但又不会因人口过多而陷入困境。

人口增长是否会带来困难，这是个令人感兴趣的问题。在我看来，对这个问题需做详尽而深入的讨论，而这远非我所能做到的。但是，在将该问题置之不理之前，我还想提及普赖斯博士在其著作中说过的一段非常离奇的话。在列出一些表格、比较了城市和乡村人口寿命的概率后，他说："通过比较可以看出，一些人把大城市称作人类的坟墓，这与实际情况非常相符。这也使所有善于思考的人对我们在上一卷第四篇论文的结尾所说的话表示信服，即把人类的各种疾病看作是大自然的本来意图，这一观点严格说来是不恰当的。一般而言，人类的各种疾病无疑都是人类自己造成的。假如有这样一个国家，其居民都过着完全自然而合乎道德的生活，那么可以很肯定地说，他们当中的绝大多数人都会享尽天年，不会遭受痛苦和疾病。死亡仅仅是逐渐而不可避免的衰老的结果，会像睡眠那样降临到他们的头上。"

根据普赖斯博士在其两大卷著作中所列举的事实，我却只能得出完全相反的结论。在阅读普赖斯博士著作前的一段时间内，我便已经意识到，人口和食物是以不同比率增长的，因而我模糊地感到，要使这两者保持平衡，只有借助于某种苦难和罪恶的力量；在仔细阅读了普赖斯博士两卷本的《观察》后，上述模糊的意识立即变得清晰起来，我对此也更为深信不疑。他列举了大量事实，试图证明人口若不受抑制便会迅速增长，并举出了许多证据来说明，大自然的一般规律是如何抑制人口过剩的，但在做了所有这一切之后，他竟还能写下我前面所引述的那一段话，简直让人不可思议。他极力倡导早婚，认为这是防止人们道德败坏的最好方法。他不像葛德文先生那样幻想两性间的情欲会消失，也从未想过用孔多塞先生暗示的方法逃避困境。他常常说，应该给予大自然的增殖力可以发挥作用的空间。然而，尽管提出以上种种观点，但他未能得出一个自然而然、水到渠成的结论。对他止步于此我深感惊讶，犹如他否定了欧几里得[①]的一个最清楚明白的命题一样。而这个显而易见的命题就是：人口若不受到抑制，便会迅速增长；即便人类做出最有效的努力，地球也生产不出足以供养人类的食物。

普赖斯博士在谈到文明的不同阶段时说："最初的、淳朴的文明阶段，最有助于人口的增长和人类福祉的增长。"接着，他以美洲殖民地为例，认为它们当时就处于最原始、最幸福的状态，认为它们非常明显地体现了不同的文明状态对人口所带来的影响。但是，普赖斯博士似乎没有意识到，美国人的幸福并非取决于其特有的文明状态，而取决于其作为新殖民地的特有状况，那就是殖民地拥有的大量未经开垦的肥沃土地。在挪威、丹麦、瑞典或英国的某些地区，两三百年以前的文明程度与现在美国的文明程度相同，但幸福程度和人口的增长速度却迥然有别。他还引述亨利八世[②]颁布的一项法令，抱怨当时耕地荒芜、食物价格上涨，"大批人因此而无力养家糊口"。毫无疑问，美国较高程度的公民自由有利于促进工业的发展、人口的增长以及人民的福祉，但公民自由无论可能带来多么强大的影响，也无法创造出新的土地。现在已经取得了独立的美国人民，或许要比他们受英国统治时享有更大程度的公民自由，但我们却可以非常确定地说，美国的人口绝不可能长此以往迅速地增长下去。

了解20年前美国下等社会阶层人民幸福状态的人，自然希望他们能永远处于那种状态，而且可能认为，只要不引入工业产品和奢侈品就能够做到这一点，但这种愿望就如同女人想不晒太阳不吹风就可永葆青春那样荒唐。新殖民地良好的管理模式犹如人的青春期，任何人为的努力都难以使其长驻不变。诚然，无论是动物机体还是政治机体，都可以采用许多种处理方法来加速或延缓其衰老过程；但是，若想发明一种方法来使它们永远年青，那将是绝不可能成功的。或许我们可以说，欧洲由于鼓励工业多于农业，已使自己未老先衰；在这方面采用不同的政策，也许会给每个国家注入新的生命活力。长子继承法和欧洲的其他习俗，使土地具有垄断价格。在这种情况下，投资

① 欧几里得（Euclid，约公元前330—公元前275），古希腊最负盛名的数学家。
② 亨利八世（Henry Ⅷ，1491—1547），都铎王朝第二任君主，英格兰与爱尔兰的国王。

于土地绝不会给个人带来更多的利益，故土地也就不可能得到适当的耕种。尽管每一个文明国家都必然存在有产阶级和无产阶级，但较为平均地分配财产总是会带来永久性利益。有产者的人数愈多，劳动者的人数必然愈少；更多的社会成员将处于拥有财产的幸福状态、更少的社会成员将处于仅仅拥有劳动力这种财产的不幸状态。方向最正确的努力，虽说可以减轻匮乏的压力，却绝不会消除匮乏的压力。人们只要了解人类在地球上的真正处境，了解大自然的一般规律，就很难赞同如果付出最卓越的努力便会使人类处于普赖斯博士所说的那种状态，即“绝大多数人都会尽享天年，不会遭受痛苦和疾病，死亡仅仅是逐渐而不可避免的衰老的结果，会像睡眠那样降临到他们头上”。

毫无疑问，一想到在对社会进行大规模改良时必然会遇到巨大障碍，而这种障碍又是无法克服的，我们总不免十分沮丧。人口的增长速度总是趋于超过生活资料的增长速度，这是生气勃勃的大自然表现出来的一条普遍性规律，我们没有任何理由可以指望它发生改变。一方面，这种困难会使那些致力于完善人类及其社会——这十分令人钦佩——的人感到沮丧；另一方面，遮遮掩掩或熟视无睹这种困难也于事无补。若因为事实真相令人不快就怯懦地不敢正视现实，则会带来最大的灾祸。尽管存在上述巨大障碍，但仍有大量事情需要人类去做，以激励我们做出坚持不懈的努力。但是，在付出这种努力时，若对我们必将遇到的困难的性质、范围和大小没有全面且确切的了解与认识，或愚蠢地力图达到可望而不可即的目标，那么我们不仅是在徒劳无益地耗尽力气，想要达到的山顶却始终遥不可及，而且可能会被山顶滚下的巨石碾得粉碎，如同古希腊神话中的巨人西西弗斯①一样。

本章导读

如果说在前面的章节马尔萨斯试图采取一种隐晦的方式，通过批判各类思想家及其思想流派，以间接凸显“人类社会制度并非造成罪恶的根源”，那

① 西西弗斯（Sisyphus），古希腊神话中的人物，科林斯的建立者和国王。

么，这一章骤改文风，语言犀利直接，一方面继续批判已有的思想家及其思想体系，另一方面直接彰显其对土地贵族权益的维护。为了实现这一目标，马尔萨斯用天才般的语言对“不为谋”的思想不遗余力地进行了评判、反驳。

首先，对重农学派思想的更正。重农学派思想是18世纪50—70年代的法国资产阶级古典政治经济学学派的政治经济学思想；它以自然秩序为最高信条，视农业为财富的唯一来源和社会一切收入的基础，认为保障财产权利和个人经济自由是社会繁荣的必要因素。马尔萨斯在文中多次提到“法国经济学家”而非“重农学派”，似乎表达了对重农学派的不屑以及对当时法国社会的嘲讽。虽然马尔萨斯认同重农学派关于“所有的制造业者都是非生产性的”这一论调，但却极力反驳他们所给出的解释。按照重农学派的释义，制造业者之所以是非生产性的，是因为制造业者的劳动价值仅能补偿工人消费的食物和雇主垫付的资本，却不能提供任何纯地租。在马尔萨斯看来，是否有纯地租并不是区分劳动是生产性的还是非生产性的的唯一标准。尽管很多制造业生产的价值已然能够支付纯地租，但却根本没有第三方去接受它，剩余的利润全部被商人占为己有，从而造成“用于制造业的资本对于个人来说也许是高度生产性的，但对于整个社会来说却可能几乎完全是非生产性的”这一恶性局面。马尔萨斯借此进一步证明，新兴资产阶级倡导的工业革命与土地贵族倡导的土地价值是根本对立的，且前者产生了大量剥夺性利润。

其次，对普赖斯博士关于早婚、人工抑制生育的批判。普赖斯认同马尔萨斯关于人口的增长快于生活资料的增长的观点。与马尔萨斯不同之处在于，普赖斯摒弃马尔萨斯的“道德抑制”，倡导通过早婚禁止滥交以及通过避孕等人工节育的方式来控制生育。这无疑与马尔萨斯的道德抑制相违背，正如马尔萨斯所言，“他不像葛德文先生那样幻想两性间的情欲会消失，也从未想过用孔多塞先生暗示的方法逃避困境……对他止步于此我深感惊讶，犹如他否定了欧几里得的一个最清楚明白的命题一样”。

再次，对普赖斯博士关于社会发展阶段与人口增长关系的扬弃。在马尔萨斯看来，普赖斯关于“最初的、淳朴的文明阶段，最有助于人口的增长和人类福祉的增长”的论调是荒谬的，且以美国等国家为例，证明美国人的幸福并非取决于其特有的文明状态，而取决于新殖民地大量未经开垦的肥沃土地。马尔萨斯此举有两个意图：一是良好的社会秩序与文明并不能成为人类幸福的依据。对于当前出现的社会问题，例如贫富差距过大、失业率上升等，并非文明的社会状态所能消除；同时，他也试图间接证明，当前的社会政治制度是不存在问题的。二是土地对人口增长、社会幸福发挥着重要作用，维系土地及其价值、反对社会激进的工业改良成为社会成员保持幸福状态的关键选择。

最后，对于社会改良可以促进人类福祉的驳斥。马尔萨斯认为，人口规律而非社会政治制度导致了社会的贫穷和罪恶，“人口的增长速度总是趋于超过生活资料的增长速度，这是生气勃勃的大自然表现出来的一条普遍性规律，我们没有任何理由可以指望它发生改变”。马尔萨斯表面上具有对人类社会未来的“悲观”情怀，实际上折射出的是他保守的政治立场与政治态度。

第十八章

由于人口原理的作用，贫困带来的持续压力使我们寄希望于来世——受苦受难的状态不符合我们对先知先觉的上帝的认识——现世也许是唤醒物质，使其转换为精神的一个伟大过程——有关精神形成的理论——肉体需要带来的刺激——一般法则带来的刺激——在人口原理的作用下生活困苦带来的刺激

人类不断遭受贫困带来的压力，而且几乎毫无希望在这个世界上达到至善至美的境界，人类生活的这样一幅图景，似乎会使人强烈地寄希望于来世。与此同时，在我们前面分析过的那些自然法则的作用下，人类必然又会受到各种各样的诱惑，由此而使世界显得像是考验和磨炼人类品格与意志的学校，以使人能够进入较高级别的幸福状态。但是，我希望人们能谅解我，因为我试图对人类在这世界上的处境提出一种与此不同的看法。在我看来，我的看法更加符合我们所观察到的各种自然现象，更加与我们有关全能的、仁慈的、先知先觉的造物主的认识相一致。

如果我们对人类的理解力持有适当的怀疑态度，并正确地认识到我们无法完全理解我们所看到的一切事物发生的原因，如果我们怀着感激之情为照进我们心灵的每一道阳光而欢呼且在没有阳光照耀时视黑暗源自我们内心，如果我们对造物主的最高智慧谦卑地表示敬意且认为他的“思想高于我们的

思想”“犹如天空高悬于大地之上”，那么，我希望人们不要把试图“证明上帝为人做出的安排是正当的”看作是对人类智力无谓的滥用。

不过，在我们试图以自己微薄之力“发现尽善尽美的上帝”时，必然是由自然推及上帝，而不是由上帝推及自然。一旦我们只是一味询问为什么某些事物不是另外一种样子，而不是尽力去解释为什么事物是现在的样子，我们的推理就会无所适从，陷入极其荒谬、幼稚可笑的境地；我们在了解神意方面的全部进展也必然会停滞不前，为此而做出的努力也不再是改善人类精神的训练。我们总是认为，造物主具有无穷大的力量。这一观念如此强大，以致让人无法理解，且每当思虑至此，人们的头脑便会变得混乱不堪。带着这种观念的我们，往往想象上帝创造出的无数生物——这些生物多得犹如整个无限空间所能容纳的点——不但不会遭受痛苦和折磨，而且都具有超凡脱俗的美德与智慧，享受无与伦比的快乐。但是，当我们的目光离开这种虚无缥缈的幻象，转向我们日常所见且反射出上帝面目的大自然这本书时，我们就能一下子看清楚上帝的本来面目，看到绵延不绝的有感知的生物。显然，这些生物源于大量的物质微粒，在这个世界上要经历长期有时甚至是痛苦的过程；在这一过程结束之前，其中的许多生物肯定会获得极高的才能、拥有强大的力量，从而处于某种较高级的状态。既然如此，难道我们不应根据我们实际看到的生物来纠正我们对万能的上帝所抱有的种种粗糙且幼稚的看法吗？难道我们只能根据上帝的创造物来评价它吗？除非我们希望以上帝的仁慈为代价来吹捧上帝的力量，否则我们就应得出结论说，即便是伟大的造物主，尽管其力量无比巨大，也仍需要一定的过程，需要一定的时间（至少是我们所认为的时间），才能创造出符合其崇高目标的、具有高尚精神品质的人。

认为人处于受磨难的境地意味着，人在尚未来到这个世界以前就已存在，但这不同于人类在幼年期表现出来的样子；不过，这同时又使人怀疑上帝是否有先见之明，因为这又与我们对上帝的认识相互矛盾。所以，正如我在前面所暗示的，我宁愿将这个世界和在这个世界上的生活看作是上帝安排的一个伟大过程，这一过程的目的不是为了使人遭受磨难，而是为了创造和形成人的精神。若要使死气沉沉、混沌无序的物质觉醒为精神，若要使地上的尘埃升华为灵魂，若要使泥土迸发出耀眼的火花，这一过程是必不可少的。倘若这样来看待这一问题，则可以把人在生活中得到的各种印象和受到的各种刺激看作是造物主的手通过一般法则在起作用，通过与上帝接触，怠惰的生物被唤醒，并具有享受最高状态的活力、能力与快乐。人类所犯的原罪，就是混沌物质的麻木与腐败，而人正是从混沌的物质中诞生的。

考察精神究竟是与物质不同的实体抑或仅仅是物质较为精致的表现形态，可能仅仅是名义之争，毫无裨益。精神，无论是由物质形成的还是由任何其他实体形成的，从本质上说始终是精神。根据经验，我们知道，灵魂与肉体非常紧密地联系在一起，所有迹象似乎都表明，它们是自从婴儿期起就一同成长起来的。几乎没有人认为，每个婴儿都具有健全而完整的精神，只不过在人生的头 20 年中，由于身体的各个器官软弱无力、感觉迟钝，所以精神的作用受到阻碍。人们都倾向于认为，上帝既是肉体的创造者又是精神的创造者，肉体和精神是同时形成、同时发展的。设想上帝在不断用物质创造精神，而人在生活中不断得到各种印象便是上帝创造精神的过程。如果这种设想与自然现象相符，也就不会与理性或天启相悖。而这一过程肯定是与造物主的最高属性相称的。

我们有充分的理由来这样看待人类在地球上的处境。根据我们对精神本质的肤浅了解，加之对世界的细致考察便会发现，我们周围的现象以及人类生活的各种事件，似乎都是上帝特意安排来达到那一伟大目标的，特别是根据这一假设，我们甚至可以运用我们自身有限的理解力来解释生活中许多的艰难困苦与坎坷不平。爱发牢骚的人正是为此而经常埋怨自然之神。

精神最初的重大觉醒，似乎产生于肉体方面的需求。（我原本打算将这个问题作为本章的第二部分，并进行详细的阐释，但有些事情使我不得不把这项工作搁置很长时间，并因此而被迫放弃原来的打算，至少目前我没有时间来对此加以详论。因此，这里我将仅仅概略地谈一谈几个主要的因素。在我看来，这几个因素都有助于证实我所提出的那个一般性的假设。）肉体需求最先刺激了婴儿大脑的发育和感知活动，但原初物质具有非常强大的惰性。如果不通过特定的刺激方式产生同样强大有力的其他需要的话，就必须有持续性的肉体需求的刺激，从而保持已唤起的感官活动不会中断。饥饿和寒冷把野蛮人从麻木的状态中唤醒，迫使他们努力获取食物、建立栖身之所，以免遭受种种苦痛。这些努力促进了他们身体各部分器官的发展，使其处于不断的运动当中；相反，如果没有这些努力，他们将会永远躺在树下打盹，陷入无精打采的懒散状态。根据我们对人脑结构的了解，如果广大人民群众没有肉体需要进而缺乏努力工作的刺激，则他们不可能像今天这样，跻身于哲学家的行列，并拥有闲暇时间高谈阔论，反而更可能沦为野蛮人。在物产最丰富的国家，居民的智力未必一定最敏锐、最发达。“需要是发明之母”无疑是至理名言。人脑所进行的一些最崇高的活动，就是为了满足肉体的需要。肉体的需要常常让诗人的想象力插上翅膀，让历史学家的文思如泉涌，让哲学家的思想更为深刻。虽然毫无疑问，现在许多优秀人物的大脑已在各种知识和社会同情心的刺激下变得非常发达，即便肉体需求的刺激不复存在，他们也不会萎靡不振、回到野蛮状态中；但是，几乎可以肯定地说，普通百姓若没有肉体需求的持续刺激，则会堕入常见且致命的麻木状态，未来人类和社会改善的萌芽便会消灭殆尽。

洛克①曾说过，避免痛苦而非追求幸福是刺激人们在生活中采取行动的主要诱因。虽然我们总是希望获得某种快乐，但往往只有在深思熟虑后，只有在发现某种快乐的缺失让我们感到痛苦不安时，才会真正采取行动，追求这种快乐。避恶趋善似乎是人类的神圣职责；为此，自然界早已做好了安排，总是提供各种机会让我们不懈地做出这方面的努力，也正是通过这种努力和刺激，精神才由此而得以产生。如果洛克的观点是正确的或我们有充分的理由认为这个观点是正确的，那么，恶对于促使人类做出努力似乎就是必不可少的，而做出努力对于人类精神的产生显然也是必不可少的。

为了维持生命而产生的对食物的需求是迫使人类做出更大努力的最重要因素，比肉体或精神的任何其他需求的作用更大。造物主下达了这样一条命

① 约翰·洛克（John Locke，1632—1704），英国哲学家。在知识论上，与乔治·贝克莱、大卫·休谟一起被称为英国经验主义（British Empiricism）的代表人物。

令，即在人类尚未向地球表面投入大量劳动和才智以前，地球不得向人类提供食物。就人类的理解力来说，种子与产生于种子的草木之间没有任何可以想得到的联系。毫无疑问，上帝无须借助于种子甚或人类的劳动和照管，就能生长万物，供其使用。耕地、除草、收割、播种等各项劳动，肯定不是帮助上帝来进行创造的，而是上帝规定的人类生存的先决条件，只有满足了这些先决条件，人类才能享受生活的幸福，进而推动人类积极行动、塑造精神、达到理性的彼岸。

为了源源不断地刺激人类，敦促人类精心耕种土地，保证造物主的神圣构想得以实现，上帝又下达了另一条指令，即人口增长的速度将远远快于食物增长的速度。毫无疑问，前文指出的这个一般法则产生了许多局部的恶，但略加思考我们就会发现，这个法则产生的善远远超过了罪恶。只要有足够强大的刺激，就能驱动人们进行不懈的努力；而要给人类的努力引领方向，使之具有推理能力，那么，上帝的所作所为就必须符合一般法则。自然法则的固定不变或相同的原因总会产生类似的结果，这是人类推理能力的基础。在正常情况下，如果我们能够经常看到上帝的力量，或更确切地说，如果上帝常常改变其意旨（其实，我们所见的草叶上的风动都是上帝力量的体现），人类由此而难以确定，有良好指引的努力能否会带来预期结果，那么，人体各器官的功能也许很快会陷入致命的麻木状态，甚至连人类的肉体需求也不能刺激人类的积极努力。正是由于自然法则保持不变，农民才勤奋劳作、深谋远虑，工匠才不知疲倦地运用技巧、努力工作，医生和解剖学家才熟练地治病救人、从事研究，自然哲学家才仔细观察和耐心考察。人类运用智力所能取得的最伟大而辉煌的成就，都仰赖于自然法则的固定不变，牛顿的不朽成就也归因于这种固定不变。

所以，对我们的理解力来说，自然法则恒久不变的理由也是显而易见的。如果我们回过头来看人口原理，看一看人类的真实面目，就会发现除非受肉体需求所迫，人类总是迟钝的、懒散的、厌恶劳动的（基于我们幼稚的幻想来谈论人类未来可能成为什么样子，无疑是极其愚蠢的）。因此，我们可以断言，若非人口增殖能力相对于生活资料增长力的绝对优势，这个世界就不会有人类存在了。强烈且不间断的刺激，敦促人类不断地开疆拓土、精耕细作；如果在这样的情况下，土地的开垦仍很缓慢，那么我们就完全可以得出这样的结论：其他方式的刺激效果肯定将更为微小。即便经常受到强大的刺激，物产丰富地区的野蛮人也经过了很长时间才开始从事畜牧业或农业耕作。假如人口和食物同比增长，则人类很可能永远也不会摆脱野蛮状态。假设一个本来人口稠密之地因一个亚历山大、一个恺撒、一个帖木儿或一场流血的革命而变得人烟稀少，则造物主的伟大计划就会落空；而且，一场瘟疫的影响可以持续几个世纪之久，一场大地震可以使一个地区永远荒无人烟。这些人类的恶行或自然灾害是一般法则带来的局部的恶，人口原理可以阻止它们妨碍造物主实现其崇高的目标。在人口原理的作用下，地球上的人口总是会与生活资料的数量不相上下，这一原理是一种强大的刺激因素，它不断促使人类去进一步发掘土地的潜力，以使土地能养活更多的人口。但是，这一原理在推动上帝意图实现的同时，也不可避免地带来局部的恶。除非人口原理能够根据各国的具体情况进行相应的调整（但是，这不仅与我们有关自然法则的一般经验相悖，而且与人类理性自相矛盾——根据人类理性，一般法则是理性形成过程中绝不可少的），否则，很显然，既然人口原理在勤劳的帮助下能够在短短几年内使富饶地区人烟稠密，那么它必然也能使人口稠密之地陷入贫困。

然而，从各方面来看，即便人口原理可能会带来如此众多的困难，但也很可能会促进而非阻碍造物主一般目的的达成。这些困难会激发人们普遍的努力行为，促成无限多样的处境和由此而来的影响，进而推动精神领域的发展。当然，无论是太大的刺激或太小的刺激，抑或是太贫困或太富有，很可能都不利于精神的发展。处于中产阶级的地位似乎最有利于智力的开发，但想要全体社会成员都成为中产阶级却是违反所有自然之理的。虽然温带地区似乎最有利于人类智力和体系的发展，但很显然，不可能整个地球都是温带。由于只有一个太阳温暖和照耀着地球，因而在物质法则的作用下，有些地方必然永远被冰雪覆盖，而另一些地方则必然永远被酷热炙烤。每一块平放的物质必然有上面和下面之分，不可能所有物质微粒都位于中间。对于木材商来说，栎树最有价值的部分既不是树根，也不是树枝，但树根和树枝对于人们所需要的中间部分（即树干）的存在却必不可少。一个木材商不能指望栎树没有树根或树枝而生长，但是，如果他发明了一种栽种方法，能使树干长得较大、树根和树枝较小，他尽力推广使用这一方法就显然是正确的。

同样，虽然我们不能指望完全消除社会中的贫富差距，但是，如果我们能找到一种政治制度，借以减少两个端点的人数，增加中产阶级的比例，则我们无疑就有义务采用这种制度。不过，正像栎树那样，大量减少树根和树枝必然会减少输往树干的树液；同理，在社会中，减少两极的人数超过一定限度后，就必然会减弱整个中产阶级的活力，而这种活力正是推动中产阶级智力发展的最重要原因所在。如果谁也不想实现纵向的社会流动，或谁也无须担心会从较高的社会阶梯中跌落下来，如果勤劳得不到奖赏、懒惰得不到惩罚，中产阶级就肯定不会是现在的样子。在讨论这一问题时，我们显然应着眼于社会中的广大民众，而非着眼于少数个体。毫无疑问，现在，许多才华横溢的人（且从概率上说，也应该有许多才华横溢的人）早已受到特殊的刺激，故而再也无须狭隘动机（如肉体需求）的驱使来保持或焕发活力。但是，如果我们回想一下各种有用的发现、有价值的著作以及人类做出的其他值得称道的努力，我想我们便会发现，人们的这种努力更多地是出于对大多数人起作用的狭隘动机，而不是由于对少数人起作用的高尚动机。

对于人类来说，闲暇无疑非常宝贵；但是，就人类目前的状况来说，闲暇带给大多数人的，可能是恶而不是善。人们常常发现，弟弟的才华往往超过哥哥，但我们却不能据此认为，在通常情况下，弟弟天生就具有较高的才能。如果说二者之间确实存在可以观察到的差别，这种差别也只可能是两人不同的处境造成的。弟弟必须付出努力和积极活动，而哥哥则可以按自己的意愿进行选择。

日常经验告诉我们，生活磨难是磨炼才能的重要途径。男人必须努力工作，养家糊口。这一责任唤醒了他们身体的一些机能——如果没有这种责任感，这些机能可能永远处于休眠状态。而且，人们常常可以看到，每当形势发生特殊变化时，便会孕育出一些英雄人物，以应对新形势带来的困难。

本章导读

关于恶的界定，古已有之。佛教语“恶指能够招致恶果的不善之法”，“善指顺理、恶指违理”；5世纪基督教神学家圣奥古斯丁提出“恶是善的丧失”，“善”是神学中“上帝的善”，撒旦是恶的化身。恶善同源，相依相存。马尔萨斯没有过多去追寻恶或善的本质定义，而是给我们指出了恶的来源，即在人口原理指导下，人类繁殖速度快于食物增长速度，并成为贫困、饥荒、财富差距等罪恶的根源。

马尔萨斯多次强调，人类的“恶”实则是上帝的“善”。上帝作为一切人类社会的主宰者，早已经洞察了一切。“我宁愿将这个世界和在这个世界上的生活看作是上帝安排的一个伟大过程，这一过程的目的不是为了使人遭受磨难，而是为了创造和形成人的精神……可以把人在生活中得到的各种印象和受到的各种刺激看作是造物主的手通过一般法则在起作用，通过与上帝接触，怠惰的生物被唤醒，并具有享受最高状态的活力、能力与快乐”。透析马尔萨斯的论调发现，他倡导这样一种早已注定却有序安排的自然法则，即肉体的需要产生了精神和行动的觉醒，饥饿和寒冷把野蛮人从麻木中唤醒；为了维持生命而产生的食物需求迫使人类做出努力，不努力则不会向人口提供任何食物；为了源源不断地刺激人类，上帝命令人口增长速度远快于食物增长速度，以实现土地的精心耕种。

正如马尔萨斯所想，上帝通过设定一系列的困难、阻力等“恶”的因素不断促进人类的发展与进步，并且督促每个人各司其职、勤于劳作，实现人类社会的“善”。

假如马尔萨斯的笔锋停于此，我们或许可以将其思想理解为忧虑人类社会而“避恶趋善”的一种大义，目的在于追求人类进步、实现劳动创造价值的理想局面。但是，这些论述仅仅是为他进一步的社会态度做铺垫。马尔萨斯认为，由于人类社会“恶”的存在，即使社会随着人类的努力不断进步，“但想要全体社会成员都成为中产阶级却是违反所有自然之理的”，社会贫富差距不可能消除，贫困和罪恶终究难以避免。马尔萨斯反复强调将社会发展中的种种弊端归因于人口规律（自然法则）而非社会政治制度，其在前文反驳葛德文先生时也同样提出，“虽然人类制度似乎明显是造成人类许多灾难的突出原因，但与那些更深层次、污染源泉并让全部人类生活的涓涓细流污浊不堪的不道德的原因相比，它们就像漂浮在水面上的羽毛”。该部分论述的本质思想并没有发生变化，只是换了阐述角度，从人类、精神等更高层次展开，但毋庸置疑的是，马尔萨斯在利用人口原理解释社会的“恶”上存在强烈的偏好与执着。

第十九章

人生的不幸是使人的心变善、更富有人情味的良药——在社会同情心刺激下成长的人，往往优于仅具才华的人——道德上的恶是达到道德上的善的良药——大自然的无穷变化以及形而上问题的晦涩难解，使人在智力上不断受到刺激——应根据这一原理来解释天启中让人难以理解的地方——《圣经》中所包含的那些证据，也许最适于人体机能的改进和道德水平的提升——精神产生于刺激，这一观点似乎可以用来解释为什么存在着自然上的恶和道德上的恶

人生的不幸与痛苦是另一种刺激。这种刺激通过一系列特殊的印象，可以使人的心变软、变善，也变得更富有人情味，可以唤醒社会同情心、产生基督教的所有道德，可以使慈善博爱之心充分发挥作用。事事顺遂、一切如意，不仅不会使人的品行变得高尚，而且可能会使人的品行堕落。从未经历过不幸的人，很少会感受到其同胞的痛苦与快乐、需求与希冀。在他们的心中，很少会有充满温暖的手足之情和各种温柔亲切的情感；而与拥有无与伦比的才能相比，拥有这些感情更能使人的品格得到升华。才能无疑是人类精神的一个突出且美好的特征，但却绝不是精神本身。许多人虽然没有受过可以形成才华或改善才能的种种刺激，但只要有社会同情心的刺激，同样可以达到很高的精神境界。在每一个社会阶层——无论是

上等阶层还是下等阶层——都有一些人充满了仁爱之心，对上帝和人类表现出无限的热爱；虽然他们可能并不具有被称为才能的特殊的精神力量，但显而易见的是，他们在人生的阶梯上显然要比许多才华横溢的人地位更高、更受人尊重。传教士所表现出来的仁爱、谦卑、虔诚以及所有那些被特别称为基督教美德的品质，似乎与才能无关，但具有这些可爱品质的灵魂以及被这些仁爱之心所唤醒的生机勃勃的灵魂，似乎比仅有敏锐才智的人更加接近天国。

卓越的才能往往被滥用，并因此而产生与其力量大小成比例的恶。理性与天启似乎都使我们确信，滥用才能的人将被打入地狱，而实际上，地球上的这些恶人仍可通过给人带来反感和厌恶之情而发挥其作用。不过，很有可能，道德上的恶是达到道德上的善所必不可少的良药。如果一个人接触的所有事物仅仅是善，那么，这个人很可能将为盲目的必然性所驱使。在这种情况下，对善的追求完全无法透视出一个人的道德禀性。或许可以说，万能的上帝并不需要一个人通过外在的行为来显示他的道德禀性，因为他事先就可以确切预见一个人是选择善还是选择恶。据此，我们可以反对把人生视为一场磨难的看法，而赞同上帝创造这个世界是要形成一种精神的判断。据此，仅仅看到善的人与那些看到了道德上的恶并反对和憎恨道德上的恶的人有着本质不同。两种人虽然都是用泥土做成的，但由于从外界得到的印象不同，因而必然处于不同的状态；即便两种人在表面上具有同样讨人喜欢的美德，我们也必须承认，后者阅历较丰富、性格坚强而刚毅，而前者则较为脆弱、易于为偶然的冲动所摆布。对美德的赞美和热爱，似乎暗示着某种与美德相对立之物的存在。如果未见过道德上的恶，未体验过由此而产生的厌恶心情，则很可能不会产生相同程度的外表与内心之美，性格也达不到那种完善的境地。

一旦精神被肉体上的情欲和需求唤醒并转化为行动，智力上的需求便同步产生。对知识的渴求和对愚昧无知状态的淡漠和厌恶，构成新的、重要的刺激。大自然的每一部分似乎都各司其职，以某种特殊的方式刺激大脑，以使它做出不懈的努力，并提供无穷无尽、无休无止的题材供人类进行不懈的探索。英国的不朽诗人莎士比亚[①]在赞美古埃及女王克娄巴特拉时写道：

习俗也丝毫不能减少，她那无尽的风采。

虽然这句诗用于描绘某一物体和个人时，可能具有夸张的意涵，但用于描绘大自然却再恰如其分不过了。色彩斑斓的图景，赋予绮丽的大自然以勃勃生机和卓异风姿，那粗糙不平的地面以及衬托着高山的峡谷，虽然有时会使目光短浅的挑剔之人感到不快，但却使整个画面显得匀称、协调与优雅。

大自然的形态及其作用变化无穷。除给人留下多彩多姿的印象并直接唤醒和改进人类的精神本质外，它们还为探索与研究提供了无限广阔的领域，为改进人类精神另辟蹊径。大自然若尽善尽美、简单划一，就不会有这种强大的唤醒人心的力量了。因此，当我们沉思默想宇宙的体系时，当我们把繁星视为散布在无限空间中其他星系的太阳时，当我们想到我们所见的、给予世界无限光明和生命的天体还不到其总数的1%时，当我们因大脑不能把握无穷的概念而感到绝望和困惑却对造物主的洪荒之力赞叹不已时，让我们不要抱怨气候并不总是温暖宜人，不要抱怨一年并不总是春光明媚，不要抱怨上帝创造的万物并不总是享有同样有利的条件，不要抱怨乌云和暴风雨有时会使自然界一片昏暗，而罪恶和苦难有时会使道德界一片黑暗，不要抱怨天地万物并不总是同样完美。理性和经验似乎都表明，大自然的无穷变化（没有优劣之分和瑕瑜互见，也就无所谓变化），特别有助于实现上帝创造世界的崇高目的，有助于产生尽可能多的美与善。

在我看来，形而上的问题之所以晦涩难解，是因为它们是造物主的特意安排，目的在于刺激我们对知识的渴求。地球上的人类很可能永远无法完全弄明白这类问题，但这绝不意味着人类不应该研究它们。黑暗之所以存在，并常常围绕和笼罩在人类深感好奇的这些有趣问题的周围，可能也是为了提供不竭动力来刺激人类的智力活动与努力行为。为驱除这种黑暗所做的不懈

① 威廉·莎士比亚（William Shakespeare，1564—1616），英国文学史上最杰出的戏剧家，也是欧洲文艺复兴时期最重要、最伟大的作家，全世界最卓越的文学家之一。

努力，即便达不到目的，也会刺激和提高人类的思维能力。如果人类探索和研究的对象消耗殆尽，他们的大脑可能也会处于停滞状态。当然，这样的时期永远不会到来，因为大自然的形态与作用变化多端，供人思考的形而上的问题层出不穷。

“太阳底下没有新奇之事”，这绝不是所罗门①所说的最明智的话。与之相反，倘若我们的宇宙会存续千百万年，人类知识的总量可能也会不断增长，尽管人的智力是否会显著提高尚可存疑。虽然苏格拉底、柏拉图或亚里士多德等先贤们所掌握的知识可能远不如当今的哲学家们，但这些哲人的智力水平却似乎与当今的哲学家们相差无几。智力产生于一小块物质，其活力只持续一段时间，也许只能接受一定数量的印象。诚然，这些印象可能千变万化，这些变化可以增强原胚胎的敏感性，从而形成这个世界上形形色色、无穷无尽的人；但是，理性与经验两者都让我们确信，个体的智力水平并未随着现有知识总量的增长而增长（没有两颗完全一样的麦粒。麦叶上的差别无疑主要是土壤造成的，但并非全部如此。这使我们自然地认为，可转化为思想活动的原胚可能已经有所不同，而幼儿的感受力大不相同便可证明这一假设）。最聪明的头脑似乎是通过努力进行创造性的思维、构造新概念、发现新真理而形成的，而不是通过消极地接受别人的观点而形成的。假如真有那么一天，人们不再指望有新的发现，只能运用脑力获取已有的知识，也不再努力提出富有创见的新思想，那么，即便那时人类知识的总量比现在多一千倍，但对脑力的一种最为崇高的刺激将就此终止，智力活动最美妙的特征将会丧失，与创造性才能有关的一切将不复存在；在这种情况下，任何人都不可能有洛克、牛顿、莎士比亚那样的智力，甚至不可能有苏格拉底、柏拉图、亚里士多德或荷马②一样的智力。

假若一条启示从天而降（且人们对其真实性深信不疑），把现有笼罩在形而上问题上的迷雾一扫而光，把精神的性质与结构、所有物质的特性与本质、上帝创造万物的方式以及整个宇宙蓝图都解释得一清二楚，这无疑会增加人

① 所罗门（Solomon，公元前1000—公元前930），古代以色列王国的第三位国王。

② 荷马（Homer，约公元前9世纪—公元前8世纪），古希腊盲诗人。

类的知识总量，但这并不会增长人脑的活力，反而很可能会抑制人类未来的努力，折断人类智力的翅膀。

因此，我从未因《圣经》中有令人怀疑和费解的地方，便怀疑它并非出自上帝之手。毫无疑问，上帝本来可以在向人类提供启示的同时，创造一系列奇迹，使人类对上帝的意图深信不疑，从而消除一切的迟疑与争论，但上帝却没有这么做。尽管我们脆弱的理性无法理解上帝的真实意图，可我们仍能看出上帝不能向我们提供这种启示的一条最明显的理由。依据对人类理解力的些微了解，我们已深知，对上帝意图的那种深信不疑，非但无助于人类的改善和道德水平的提高，反而会麻醉人类在智力上的全部努力，使人类的美德不复存在。假如对每一个人来说，《圣经》上所说的永恒惩罚就像夜晚跟随白天那样明确无误，那么，这一巨大而悲观的想法就会完全攫住人类的官能，以致无法再进行任何其他创造性的思维活动；进而，人们的外部行为就会完全相同，善行就不再表现出善心，善与恶便会搅和在一起、混作一团。虽然上帝那双明察秋毫的眼睛可以把善与恶区别开来，但善与恶给人类造成的印象却是完全相同的，因为人类只能根据外表判断善与恶。假若上天真的这样安排，那么，我们很难想象人类如何才能形成对道德上的恶的厌恶，对上帝和道德上的善的热爱与崇敬。

我们有关善与恶的观念也许是不准确的、模糊的，但如果人们仅仅因为害怕遭受巨大的惩罚或希望得到巨大的报偿而行事，那么我认为，很少会有人把这种行为称为善行。可以说，敬畏上帝是智慧的开端，而智慧的终点却是对上帝的热爱和对道德善举的敬仰。《圣经》中所说的未来惩罚，似乎是有意要阻止恶人为所欲为，提醒漫不经心者小心谨慎，但经验一再告诉我们，《圣经》中的这种说法缺乏有力的证据，因而不足以左右人的意志，从而使性本恶的人仅仅由于害怕来世遭受惩罚而过有道德的生活。真正的信仰，即由真正的基督徒具有的全部美德所表现出来的那种信仰，一般而言，产生于温厚有德的性情，而温厚有德的性情与其说源于纯粹的畏惧，还不如说源于爱与善。

在这个世界上，由于自身肉体的构造和自然法则的作用，人无时无刻不在受到各种各样的诱惑；从这口创造出世间万事万物的大熔炉中炼制出的容器，肯定有许多是歪七扭八的。想到这些，我们认为，上帝创造出的这些物品会被判处遭受永远的折磨。一旦我们接受了这样的观念，我们有关善与正义的自然观念就会被完全推翻，就不会再把上帝看作是大慈大悲、主持公道的主。然而，《福音书》[1] 告诉我们有关生命与不朽的教义，无论从哪方面来说，都是正当而仁慈的，与造物主的意图是相称的。它认为，正义的结局是永生，而罪恶的结局是死亡。在创世过程中产生的那些可爱而完美的人，终将获得永生；而那些生来就有缺陷、从精神气质上说不适宜过较纯洁幸福生活的人，则将死去，再次与他们赖以形成的尘土交汇融合——似乎没有比这更符合我们的理性知识了。对后者的这种永恒的宣判，可以被看作是一种永恒的惩罚，无怪乎这种惩罚有时会表现为受苦受难。在《新约全书》[2] 中，经常相互对照的，却是生与死、拯救与毁灭，而不是幸福与苦难。假如我们认为，上帝不仅将使那些由于自然法则的作用而天生不适宜过较纯洁且幸福生活的人重新陷入原始混沌状态，而且将永远记恨和折磨那些触犯过他的人，那么上帝在我们眼中的形象就会大相径庭了。

一般来说，生命是一种恩赐，是神授之物，与未来状态无关，即便是不怕死的恶人也不愿放弃。因此，造物主在创造人类、使其享受无限幸福的同时，虽然也给人类带来了一些痛苦，但与赐予人类的幸福相比，痛苦只不过是天平上的一粒微尘。我们完全有理由认为，世间的罪恶只不过是产生精神过程中一个绝对必需的元素，并未超过其限度。

显然，一般法则是形成理智必不可少的工具；一两个例外的出现丝毫不能否定这一必要性。一般法则的存在显然不是要达到局部的目的，而是要经过许许多多世代对绝大多数人产生影响。根据我对精神形成方式的看法，神的启示对一般自然法则的违背，似乎是上帝在亲手把新的成分融入精神形成这一特殊而伟大的过程，特意给人类造成一系列强有力的新印象，以净化、提升和改善人类的精神。一旦伴随着这些启示的奇迹引起了人类的注意，激

① 《福音书》(*Gospel*) 是以记述耶稣生平与复活事迹为主的文件、书信与书籍。

② 《新约全书》(*New Testament*)，本意为莎草纸，可以指犹太教和基督教的宗教经典。

起了最为积极热烈的讨论，则无论是由上帝还是由人类创造出教义，这些奇迹都起到了应有的作用，达到了造物主的目的；此后，造物主便撒手不管，所传达的这种神意一方面需要依靠自身具有的内在价值继续前行，另一方面也作为道德动机而起作用，逐渐影响和改善人类的各种官能，而不会对此加以阻碍或使其停滞不前。

“上帝只会以其选定的方式而不会以其他方式来实现其意图”的看法实在过于武断。但是，由于我们得到的有关神意的启示总是伴随着某些疑问和令人费解之处，而我们的理性又总是使我们最强烈地厌恶那种迫使我们无条件地、立即且全面地接受某种信仰的启示，故我们有正当理由认为，这些疑问和令人费解之处绝不是否定《圣经》的神圣起源的理由。而且，《圣经》中所包含的那类证据，对于人类官能的改善和人类道德水平的提高最为有利。

这个世界向人类提供的各种印象和刺激，都是上帝借以把物质塑造成精神的手段，而产生这些印象和刺激的主要源泉，是避恶趋善的不断努力，这种看法似乎可以解决我们在思考人生时遇到的许多难题。而且在我看来，这对为什么存在着自然的恶和道德的恶，为什么产生于人口原理的这两种恶都不是很小，做出了令人满意的说明。但是，虽说根据这种假设，恶绝不会从这个世界上完全消除，可是很显然，如果恶的数量不随着人类的勤奋与懒惰而增减，那么它就不会实现造物主的明显意图，也绝不会强有力地刺激人们去做出努力。这种压力在重量和分布上的不断变化，使人心中总是怀着压力终将消除的希望。

希望永远在人们的胸中翻涌，幸福的降临永远是在未来，而绝不是在现在。

世上存在着恶，不是为了使人悲观绝望，而是为了刺激人的思想和行为。我们不应忍受和屈服于恶，而应尽力战胜恶。我们应该竭尽全力地消除自己身上的恶，并尽可能消除自己力所能及范围内的恶。这不仅涉及我们自身的利益，也是我们每一个人的义务。每个人履行这种义务的努力越大，努力的方向越正确，所带来的成果便也越大，改善和提升自己精神力量的可能性也就越大，从而更加全面地实现造物主的意图。

本章导读

本章承接上一章的思想，继续对上帝、自然法则与人类社会的关系进行评价。马尔萨斯文风犀利、逻辑严密，充分展示了他的睿智以及天才般的思想。按照“恶的重要作用→恶发挥作用的方式→以《圣经》为反例，论证善恶关系的合理性”的层次逻辑，试图证明“生命的磨难是上帝赋予的恩赐”这样一种宿命论思想。

马尔萨斯认为，恶是实现善的必经之路，道德上的恶是达到道德上的善必不可少的良药。“人生的不幸与痛苦是另一种刺激。这种刺激通过一系列特殊的印象，可以使人的心变软、变善，也变得更富有人情味，可以唤醒社会同情心、产生基督教的所有道德，可以使慈善博爱之心充分发挥作用”。这里的“恶”被赋予了更多的释义，指上帝带给肉体和精神的各种刺激，包括了磨难、贫穷、不幸等；“善”则是经历“恶”之后的智慧、品德、创造。因此，马尔萨斯“反对把人生视为一场磨难的看法，而赞同上帝创造这个世界是要形成一种精神的判断”。

“恶”对于“善”如此重要，两者之间的作用方式是怎样的呢？马尔萨斯继续做出解答。首先，恶的存在唤醒需求和行动，激发智力和创造力的产生。“大自然的每一部分似乎都各司其职，以某种特殊的方式刺激大脑，以使它做出不懈的努力，并提供无穷无尽、无休无止的题材供人类进行不懈的探索”。其次，大自然的法则不仅唤醒和改进人类的精神本质，还为探索和研究提供无限广阔的领域。为此，马尔萨斯对“知识”和“创造力”进行了区分，以证明大自然的“恶”对于创造而非知识的重要性。“假若一条启示从天而降，把现有笼罩在形而上问题上的迷雾一扫而光……这无疑会增长人类的知识总量，但这并不会增长人脑的活力，反而很可能会抑制人类未来的努力，折断人类智力的翅膀”。可见，创造比知识更重要，前者是人类不断探索未来、构建未来的动力源，而知识也是靠创造积累的。

为了进一步论证已经构建的“恶”“善”关系的合理性，马尔萨斯继续对

《圣经》中的善恶观进行评判。在他看来，《圣经》的善恶观是不正确的，其所界定的上帝混淆了善恶，且在这种善恶观念下，人类难以进行有效的创造性思维活动。“《圣经》上所说的永恒惩罚就像夜晚跟随白天那样明确无误，那么，这一巨大而悲观的想法就会完全攫住人类的官能，以致无法再进行任何其他创造性的思维活动……”马尔萨斯的上帝具有明显的救世功能，通过避恶趋善而实现人类社会的进步；显然《圣经》解读的上帝太过于狭隘，因而也成为马尔萨斯否定的对象。

在一系列精彩而又详细的陈述中，马尔萨斯证明了是上帝而非马尔萨斯提出了“马尔萨斯陷阱”，且语言精妙绝伦，不亚于任何醍醐灌顶的“鸡汤文”，听者闻之动容。但马尔萨斯绝妙的语言技术与思想逻辑仍然缺乏直面社会问题的勇气，与上一章的自然法则和贫困、罪恶的论述一脉相承，这一章从哲学的高度将当时社会中的诸多现实困境归咎于自然、宿命和上帝。

跋

关于人口问题的研究源深流长，无论是先秦的诸子百家，还是古希腊时期的柏拉图、亚里士多德等先哲，在其著作中总能窥见其人口思想或理论。而在浩如烟海的古今中外文献中，必然有马尔萨斯《人口原理》的一席之地。《人口原理》的主要思想是，根据人类生殖和生存的法则，即两性间的情欲是必然的且将几乎保持现状，食物是人类生存所必需的，引申出人口增长和粮食增长之间关系的失衡或平衡，以此探讨人口增殖所带来的人口过剩问题。虽然内容从人口引出，但绝不仅仅是一部人口学著作；其内容涉及人口、经济、政治、哲学、宗教、历史、社会等诸多领域，试图全面揭示决定人类富裕或贫穷、生存与死亡的本源力量，对后世尤其是人口学家和经济学家影响至深，且其影响历 200 余年而不衰。时至今日，但凡谈到人口及与之相关的话题，这都是一部绕不过去的伟大作品。

“以人为鉴，可以明得失；以史为鉴，可以知兴替”。在本书首版 220 周年之际，重新将它介绍给读者，具有特别的意义。虽然 200 多年后，马尔萨斯预言的人地矛盾并未真正出现，且战争、瘟疫等天灾人祸均可得到有效控制，但今天的确有很多年轻人，尤其是发达国家和地区（包括中国的大城市）的人，因为各种资源的压力而自发自觉地推迟婚姻、限制生育，践行着“预防性抑制”，似乎印证了马尔萨斯的预测。国家统计局的最新数据显示，2017 年，全国出生人口为 1 723 万人，比 2016 年减少 63 万人。其中，二孩出生率比 2016 年有明显提升，但一孩出生率却明显降低。在这种现象的背后，透视出两个重要的信息：一是我国人口年龄结构变化，即育龄妇女人数减少（2017 年，15～49 岁育龄妇女人数比 2016 年减少 400 万人，其中 20～29 岁生育旺盛期妇女人数减少近 600 万人）。二是随着经济社会的发展和城镇化的推进，人们（主要是城镇人口，尤其是大城市人口）的初婚和初育年龄不断推迟。在马尔萨斯生活的年代，人地关系紧张，他是如此希望能够通过“预防性抑制”控制人口增长，实现人口与生活资料的平衡；而如今，很多发达国家的生育率长期低于更替水平，自发性的“预防性抑制”为其首因；由于人口结构失衡，鼓励生育又成为时代主题。只有将人口问题置于特定的历史背景下，才能真正且深刻地理解人口理论思想。

同理，评价一部作品或评价一个人也是如此。一千个读者，就有一千个哈姆雷特。《人口原理》一经出版，就在社会上引起了轩然大波，爱之深者有之，恨之切者有之，视若珍宝者有之，弃如敝屣者亦有之。他们或处于不同的阶级立场，或置身于不同的历史情境。但是，说到底，无论是马尔萨斯主义者，还是其反对者，争论莫不聚焦于这样一个问题：人究竟是“手”，还是“口”？而在今天的低生育率、低死亡率、低增长率的宏观背景下，在技术进步日新月异的情势下，在“手”“口”之辩之上，又添加了一层新的含义，即“脑”与“才”。通观历史，我们发现，人口思潮始终不能脱离“人口”“人手”“人脑”的视域；显然，马尔萨斯是视人为“口”的，即是人都要张口吃饭的，但我们也可以从不同的角度来看待人这个高级动物。为此，本书将笔者已经发表的《“人口论”与“人手论”的千年迷争——兼述“人脑（才）论”》一文也置于此（详见附录），以飨读者。此文反映了笔者对人口规模这一议题的看法——笔者相信，人类的智慧可以超越“手”“口”的局限，同时也相信，人类的智慧可以实现很多葛德文先生所预测的人类更为美好的未来。当然，这并不意味着就完全否定了马尔萨斯的人口理论。

重读原典，可以领略先贤们智慧的光芒，亦可以给今天的我们很多启示。但翻译终究不同于阅读，收益比阅读大得多，难度也大得多。由于《人口原理》成书于 200 多年前，语言表述与今天的风格存在较大的差异，故在翻译过程中，遇到不少的困难，其间不断地反复斟酌、校对，也参考了很多学术前辈和同人们的智慧，在此仅表谢忱！虽然我们努力兼顾翻译的“信、达、雅”，但信已大难矣，在“达”和“雅”方面则更显欠缺。若有翻译不妥之处，敬请广大读者朋友批评指正。

为了便于读者阅读和理解，我们在每章都新增了“本章导读”部分，提炼出每章的核心观点，介绍相关的背景知识，并对相应观点做简要评述，旨在阐释章节要义，便于读者理解，激发读者的兴趣。在此，感谢扈新强和吴敏，他们分别负责了后面几章导读部分的初稿撰写。此外，译者还添加了一些脚注，以帮助读者理解相关内容。

转眼间，从开始着手至译著出版已近两年，犹记得当初中国人民大学出版社的高晓斐邀我翻译本书时的场景。感谢高编辑的信任，也望本书能够得到广大读者朋友的喜爱，这样也算不负重托、不辱使命。

附录

“人口论”与“人手论”的千年迷争——兼述“人脑（才）论”*

杨菊华

新世纪以来，国内外关于中国生育政策调整的呼声不绝于耳；2013 年 11 月，中共十八届三中全会决定，实行“单独两孩政策”；2016 年 1 月 1 日，全面两孩政策举国实施，推行了 35 年的严苛的生育政策退出历史舞台，围绕政策该不该调整和如何调整的问题似已尘埃落定。然而，实际情况却并非如此，无论是单独二孩政策还是全面二孩政策，都未带来预期的人口效果。例如，2016 年的出生人口约 1 800 万，新增出生婴儿不过 200 万，出生高峰并未显现。未来生育政策的走向依旧是目前政界、学界和社会舆论热议的焦点。

调整和完善中国计划生育政策的讨论伴随政策执行的全过程。早在 1979 年，梁中堂等人就提出“晚婚晚育加间隔”的政策思路；经国家计生委批准后，于 1985 年在山西翼城等八个城市落地试点。① 此后，中外学者相继建议“晚育一胎，间隔二胎，禁止三胎”。②③ 新世纪以来，政策调整的呼声与争论越发高涨，并呈现一边倒的局面；尽管还有一种与之针锋相对的微弱思潮在暗涌（即认为中国人口依旧过多，资源环境压力仍然过大），但基本上被对“低生育陷阱”这股强大的焦虑思潮所覆盖：今天，无论是鼓励夫妻按政策生

---

* 此文刊于《人口与发展》2017 年第 6 期。

① 梁中堂，谭克俭．山西省翼城县“晚婚晚育加间隔”生育政策实施效果的人口学分析．中国人口科学，1997（5）：1—10.

② Bongaarts, J., & Greenhalgh, S. An Alternative to the One-Child Policy in China. *Population and Development Review*, 1985 (4): 585-617.

③ 曾毅，金沃泊．中国未来人口发展过程中的几个问题．中国社会科学，1991（3）：3-18.

育，还是尽快全面放开生育政策，抑或是鼓励多生的建议，无不透视出人们对过往严苛政策的逆向反思。这不由得让我们想起了近40年前，举国上下对中国人口过剩危机的担忧，由此导致了严苛生育政策的推行。

那么，在短短30多年的时间内，为何人口思潮的前后反差会如此之大，从一极走向另一极？面对同样的人口现象和人口问题，基于同样的多层角度（宏观、中观、微观等）和类似的多维视野（人口、经济、社会、资源、环境）的现实思忖，为何会有两种迥异的学术观点和社会思潮（虽然一方明显占据上风）？若把时间维度向前推延、把空间维度向外扩展，将目前的主流思潮置于全球人口思想史的时空，我们对现有分歧或前后变化的价值逻辑、理论取向等命题是否会有新的认识？

本文试图从历史和比较视角出发，通过对人口规模理论视点的历史回顾，挖掘争论背后内在的学理逻辑与现实缘由，在回应前述研究问题的基础上，以期这样的研究视角与结果有助于社会各界冷静、客观地审视中国时下的人口情势，有助于更清晰、更准确地把握中国人口态势发展变化的规律性，进而更理智地预判与把握中国未来生育政策的走向。对浩瀚的历史文献的简要梳理和分析可知，古今中外林林总总的人口理论可粗略凝练成增殖人口、控制人口、适度人口三类主要观点①（虽然相邻观点之间难免交叉，且有些论点很难归类）。而这三种思潮（尤其是前两种思潮）的争论与流变，反映的就是一部文明社会关于人口发展的思想史，透露出的就是“人口论”和“人手论”

① 此外，还有一种“自然人口论”，主张放弃人为干预或利用行政手段调控人口发展的做法，而是通过自然规律进行自然调节。亚当·斯密（Adam Smith，1723—1790）是其主要代表。他在《国富论》中虽已预见到人口过剩，但仍然倡导自由放任、听其自然，让经济自发调节人口需求。经济发展会增加对劳动力的需求，提高劳动报酬，从而必然鼓励结婚和增殖，使人口不断增加；而经济停滞会减少对劳动的需求，降低劳动报酬，进而减少人口增殖。“对人口的需求也必然支配人口的生产……世界各地，不论在北美，在欧洲，还是在中国，支配和决定人口繁殖程度的正是这一需求。”正是由于经济发展决定人口增殖，故“一国繁荣最明显的标志，就是居民人数的增加”。尽管“贫困似乎还有利于生育……处于半饥饿状态的妇女，常生子女二十人以上，而奢侈的上等社会妇女，往往不能生育，一般只能生两三个”，然而“贫困虽不能阻止生育，但他们的儿童中，达到成年的却比较少”。这段话比较系统地记录了斯密的人口思想。不过，该思想与其他三类观点之间不是平行或并列关系（王谦，个人面谈）：其他三类观点都涉及人口干预，区分在于如何干预，而“放任论”不涉及对人口数量增长是否需要干预的问题，故本文对此不做详细介绍。另外，还有很多其他涉及人口规模的相关理论，分别从不同角度阐述人口规模与社会、自然的关系等，因其超出了本文的视域，也未涉及。

价值取向的分野。下面，首先通过对历史文献的文本分析，简要描画三类观点的历史流变，并试图解析提出的历史背景、背后的道理、所针对的情况；其次对主要论点背后的理论逻辑进行归纳与凝练；最后基于中国的现实，阐释“人脑论/人才论”的思路。

人口规模的发展有其自身规律，对人口规模的研讨也随时代的发展而变迁；但是，中国人口数量的巨大，驱动政府与学界都将研究聚焦于对当前人口问题的探讨，从历史的纵深角度考察人口思潮并将之与今天的人口现象结合起来的研究还远远不够；而离开了历史的眼光，离开了对研究对象的历史进程的把握，相关研究就难免是肤浅的、不彻底的。[①] 历史的事实提醒我们，今天关于“人口”与“人手”的争论由来已久；历史的经验告诫我们，依靠增加人口的办法并非解决中国未来劳动力短缺和养老问题的有效途径；生育政策解缚的主要意义在于还权于民，还权于家庭，其家庭意义远重于社会和经济意义；培养人才、实现从“人手”到“人脑”的转换，充分发挥“人脑”的效用，应是任何时代的共同追求。

需要说明的是：其一，本文以人口规模为线索进行文献梳理；尽管这三个理论观点并无根本性差异与冲突，本质上都是适度人口论，主要是针对不同社会情境下，对人口数量问题表现出来的不同看法，但我们也看到，即便面临相同的人口条件，人们的观念和认识也不尽相同，有人认为多是“适度”，有人认为少是“适度”，故无论是出于叙述的便利还是认知的逻辑，都有必要对这几类观点加以区分。当然，因为它们之间的内在联系，分析归纳时也存在彼此交叉的问题；此时，我们以原作者最近的思想为标准进行划分。其二，古今中外有关人口数量与素质的理论探讨从来都是相互关联的，历史上虽更多的是关于数量的讨论，但对素质的关注也从未停止；尽管笔者重在人口数量的分析，但在文中对部分重要的人口素质论也有所介绍；不过，纵观历史，对数量的关注远超过对素质的关注；即便中国在过去几十年中一直强调“控制人口数量，提高人口素质”，但重点依旧是置于数量的控制，对素

① 顾宝昌. 从历史的透镜认识中国人口——读《人类的四分之一：马尔萨斯的神话与中国的现实（1700—2000）》. 人口研究，2001（3）：77-80.

质的提升是寓于数量控制之中的。

一、“增殖人口论”思潮及其流变

人口是人类社会生存与发展的基础元素。在早期自给自足的自然经济条件下，因人口是最重要的劳动力，是赋税和兵役之源，是社会生产发展的前提条件和君王统治的基础，故人口愈多愈好，广土众民、发展人口的“增殖人口论”或“人口增殖论”一直是古代中外国家和统治阶层占主导地位的人口思想。虽然工业革命后，该思潮逐渐让位于“人口控制论”，但在21世纪前后，“低生育危机”的忧患意识再度兴起，增殖人口的理论思潮重新抬头，但其内涵与过去发生了较大分异。

在先秦诸子中，孔子及其儒家学派是“增殖人口论”的主要代表，且对后世产生了重要影响。他们认为，人口和土地是国家的根本，而人口的作用大于土地的作用；人口众多，人民安居乐业是国家善治的重要标准；民众的适时婚嫁、政府的仁政和社会生产的发展等是人口快速增殖的重要手段。越王勾践出于富国强兵的需要，强力推行人口增殖政策，规定“令壮者无取老妇，令老者无取壮妻。女子十七不嫁，其父母有罪；丈夫二十不取，其父母有罪。将免者以告，公令医守之。生丈夫，二壶酒，一犬；生女子，二壶酒，一豚；生三人，公与之母；生二人，公与之饩”①。梁惠王与秦孝公亦均为厉行人口增殖政策的国君。② 此后，封建国家的税赋和兵役制度，包括汉代编户民、隋唐均田及租庸调法、宋两税法、明一条鞭法和清摊丁入亩制度等，均以丁户为准。③ 可见，“民数”是封建政治经济的重要基础。

无独有偶，古希腊史学家色诺芬（Xenophon，约公元前430—公元前354）也从解决奴隶制城邦国家所面临的经济社会问题出发，主张通过增加人口来发展农业、增强军队力量，达到维护奴隶主阶级利益的目的。在《经济论》中，色诺芬提到，“去远征敌人必须有人，而耕种土地也需要人的助

① 国语·越语（上）．上海：上海古籍出版社，1978：635.

② 魏悦，魏忠．韩非和马尔萨斯人口思想之比较研究．西北人口，2008（1）：115-118.

③ 韩旸．试论洪亮吉人口思想．青年与社会，2014（16）：342-343.

力”[1]，并从国家管理的角度，提倡将人口的稠密程度、土地的耕种质量作为赏罚、升迁和任免官吏的重要参考依据。

随着工业革命的推进，资本主义的发展和生产力的提高带动了西方社会关于人口增殖理论的活跃探讨。16—18世纪，以意大利的博太罗（Giovanni Botero，1544—1617）、英国的孟（Thomas Mun，1571—1641）和斯图亚特（James Stuart，1712—1780）、法国的柯尔贝尔（Jean-Baptiste Colbert，1619—1683）等人为代表的重商主义者，多极为重视人口增殖与财富积累之间的关系，认为人口即财富，人口增长带来大量廉价劳动力，是降低生产成本、增强国际竞争力和增加财富的手段；主张通过鼓励结婚生育、歧视独身，鼓励向内移民、严禁向外移民来增加人口，进而推动国家经济和军事的发展。[2]

晚清至民国时期，随着西学东渐，近代欧美的学术思想逐渐传播到中国。在人口控制的主调中，严复、梁启超、孙中山等人将西方的人口思想应用于当时的人口问题研究中，对“人口过剩”提出质疑，坚持增殖人口的观点。例如孙中山认为，马尔萨斯关于人口过多的言论毫无疑问是错误的，中国并未人满为患，只要发展资本主义农业和工业，就可衣食无虑；另外，可以通过“殖边移民”调节人口密度。[3]

新世纪前后，对“低生育陷阱”的忧虑逐渐凸显，增殖人口的思潮再度勃兴。在国际社会，为刺激生育意愿、提升生育水平、实现人口的长期均衡发展，部分低生育发达国家普遍采取家庭友好政策，试图通过人口增殖的方式优化人口结构，增加劳动力供给。在中国，经历30多年严格的人口控制后，极低的人口增速可能造成的人口、经济和社会问题成为社会关注的主要矛盾，促使在单独二孩政策放开后短短两年的时间内，放开全面二孩政策；不仅如此，全面放开生育政策甚至鼓励生育也是目前的主流思潮。

---

① ［古希腊］色诺芬. 经济论·雅典的收入. 张伯健，陆大年，译. 北京：商务印书馆，2009：19.

② 叶晓东. 浅析重商主义理论与西方贸易保护政策的渊源. 经济师，2010（2）：33-35.

③ 余德仁. 孙中山人口思想研究. 人口学刊，1985（2）：31-35.

二、“控制人口论”思潮及其流变

历史上，持限制人口观点者寥寥可数。古代中国虽有战国韩非的“人多食少”、东汉王符的“土地人民比相称也”、北宋李觏的“冗民”“冗食”论、苏轼的“以多为患论”等[①]人口思想，但均未能引起统治阶层的真正重视。进入近现代后，人口快速增长引起了学者和社会的忧虑，“人口控制论”或“控制人口论”思潮逐渐占据主导地位，在强调人口效用的同时，认为人口与社会财富并非总成正比，过快的人口增长不利于社会发展和人民福祉的改善，故需要控制人口增长。

韩非是中国历史上最早忧虑众民的思想家，最早的绝对人口过剩论者，最早对人口增殖论持批判态度的思想家，也是后世相关论点的思想先驱。[②] 从人口与财富的对比关系出发，他意识到“人多食少”的问题，认为各诸侯国为富国强兵而采取的一系列人口增殖政策造成了人多地少的矛盾；要解决人口与财富之间的矛盾，就需发展生产，减少人口数量，改变人口的职业结构，扩大农业人口比例；等等。[③]

唐朝初年，民间通俗诗人王梵志是继韩非之后对人口压力最敏感的人。他认为，世间土地有限，人口若无限增长，必导致“人满为患”。他写道：“自生还自死，煞活非关我。续续生出来，世间无处坐。若不急抽脚，眼看塞天破。”他反对多生子女，认为生孩子无须求量，而应求质。他写道：“大皮裹大树，小皮裹小木。生儿不用多，了事一个足。省得分田宅，无人横煎蹙。但行平等心，天亦念孤独。”“富儿少男女，穷汉生一群。”“人间养男女，直成鸟养儿。长大毛衣好，各自觅高飞。”“只见母怜儿，不见儿怜母。长大取得妻，却嫌父母丑。耶（爷）娘不睬聒，专心听妇语。生时不供养，死后祭泥土。”“养儿莫徒使，先教勤读书。”“养儿从小打，莫道怜不笞。长大欺父母，后悔定无疑。”“欲得儿孙孝，无过教及身。”[④]

---

① 李向军. 简论我国古代主张限制和减少人口的思想. 辽宁大学学报（哲学社会科学版），1990（3）：83-86.

② 仲兴. 浅谈韩非子的“人口过剩”思想. 改革与开放，2010（12）：183.

③ 解学东. 关于韩非的人口思想. 史学月刊，1982（4）：20-24.

④ 吴申元. 中国人口思想史稿. 北京：中国社会科学出版社，1986：134-136.

明清时期，人口治乱周期延长，长期的稳定繁荣带来人口快速增长，粮食增长跟不上人口增长的速度，由此激化了社会矛盾，限丁减口之说逐渐流行，徐光启、洪亮吉等为其代表。徐光启在《农政全书》中通过对明朝宗室人口发展规律的研究发现，“生人之率，大抵三十年而加一倍。自非有大兵革，则不得减”。明代的冯梦龙（1574—1646）在1626年出版的《太平广记钞·古元之》批语中说：“不若人生一男一女，永无增减，可以长久。若二男二女，每生加一倍，日增不减，何以养之?”①

洪亮吉揭示了人口繁衍与经济发展之间的矛盾，认为人口过剩是造成社会贫困的根本原因，提出“人口绝对过剩”的基本观点。在社会“治平”时期，若无外因干扰，人口的增长将远超物质资料的增长。② 应对人口过剩的方法主要有二：一是“天地调剂法”，即疾病、自然灾害等导致人口大量死亡，但作用有限；二是“君相调剂法”，即实施发展生产、移民垦荒、减轻赋税徭役负担、赈济贫困等政策，缓解或改善人口增长与财富增长之间的矛盾，达到减轻人民负担、巩固统治的效果。③

稍后，“人口控制论”思潮在西方也日渐兴盛起来。古典政治经济学的奠基人之一、法国重农学派的创始人和重要代表人物魁奈认为，虽然人是创造财富的第一要素，但并非越多越好，人口过度增长会引起生活资料不足；人口增长需与国家财富相适应；农业生产若不发展，人口就不能增加。④

英国的工业革命初期，增加了对劳动力的需求，刺激了人口的快速增长；但是，工业化和农业经济对人口数量的要求发生了根本的变化，工业化也带来了一系列新问题和新挑战，影响了人们对人口规模的看法，人口控制问题由此进入理论界和决策层的视野，特别是自19世纪以来，人口增长与经济发展、食物供给、资源环境的关系受到广泛关注。

马尔萨斯是这一时期的主要代表人物。在1798年首版的《人口原理》

---

① 张泽厚，张华．中国人口思想史．太原：山西人民出版社，1989：308.

② 吴忠观．当代人口学学科体系研究．成都：西南财经大学出版社，2000.

③ 洪亮吉．洪亮吉集．刘德权，点校．北京：中华书局，2001.

④ 苏润余．论魁奈的人口思想．人口与经济，1982（5）：59-61.

中，他以人口与食物的关系为主线，详细阐述了人口与政治、哲学、生物、法律、道德、宗教等各种社会、经济和自然问题之间的关系，提出了包括两个前提或公理、两个级数、两种抑制、三个命题、一个规律的著名论断。

马尔萨斯认为，食物是人类生存所必需的，两性间的情欲是必然存在的本能，且几乎保持永恒状态；人类自身和物质资料的生产是社会发展不可或缺的基础条件和决定因素。[①] 人口增长遵循几何级数规律，而生活资料的增长遵循算术级数规律，二者之间存在矛盾，由此可能带来“人口增长陷阱”或“马尔萨斯陷阱”[②]；因人口的增长始终会超过食物的增长，从而形成绝对过剩人口。[③] 为此，必须采取抑制措施，或为生而死（积极抑制），或为生而不生（即消极性抑制、预防性抑制）。最后的规律是，当人口增长到接近食物供给的限度时，所有的积极性抑制和预防性抑制均会以更大的力量发挥作用，直到人口降到食物所能维持的水平以下；然后，食物再度丰富起来，于是又产生了更多的人口；经过一定时期，更多的人口又会因同样的原因受到抑制。这种循环往复的人口发展被称作“人口波动规律”。

作为马尔萨斯的追随者，英国社会学家普赖斯（Francis Place，1771—1854）和卡莱尔（Richard Carlile，1790—1843）在继承的基础上创新，除探讨人口与食物之间的矛盾外，还讨论当代人口迅速增长给资源和环境所施加的压力。他们认为，劳动者生活贫困的根源并非制度和生产资料，而是人口自身生育过多；但与马尔萨斯禁欲主义的道德抑制不同，他们主张采用避孕、流产等手段来节制生育，限制人口增长。

清朝人口控制思潮和传入中国的西方人口控制思想相联手，20 世纪初对中国的人口思潮产生了重大影响。面对中国人口众多且增长过快与经济发展之间的矛盾，陈长蘅、许仕廉、陈达、吴景超等众多社会学者对人口问题进行了深入研究。相似的留美学习经历让他们深受西方人口思潮的熏陶，认为

① ［英］马尔萨斯．人口原理．丁伟，译．兰州：敦煌文艺出版社，2010：15.

② 诸葛隽．浅析人口增长与经济发展关系——“人口陷阱理论”探微．中共浙江省委党校学报，2000（2）：19-22.

③ ［英］马尔萨斯．人口原理．丁伟，译．兰州：敦煌文艺出版社，2010：15.

当时的人口现实不利于经济社会的发展，主张采取相应的措施，使中国摆脱人满为患的困境。

陈长蘅的人口思想主要体现在1918年的《中国人口论》和1930年的《三民主义与人口政策》两本著作中。前者明确主张“适度人口”，认为“一国人口太疏，或太密，生产率太高，或太低，皆不利于国家之富强，种族之昌大，个人之健康，与文明之擅进。必折衷于二者之间，而后国家与人民最适于生存与发展”[①]。但是，他在《三民主义与人口政策》中转向人口控制论的阵营，提倡比欧美更为彻底的“生育革命”。他认为，“欲提高国际地位，人民的程度和人生的价值，欲增进人民的福利，种族的健全，和社会宝库，欲尊重人民的生命，全群的生活，和国家的生存……我们不但不要再去鼓励多生，而且还望大家去努力灌输西方诸国调剂人口和改良种族的各种健全学理和健全方法。所以我们还望大家一致欢迎‘节孕’与‘优生’两个‘并蒂连理’的大运动”。[②] 尽管陈长蘅的生育控制思想可能与其“适度人口”思想有一致性，但显而易见的是，他的“适度”是以少为衡量标准的。

许仕廉在1930年的《中国人口问题》和1934年的《人口论纲要》中，集中论述了对人口问题的理论思考。他说，“人口是社会与国家的原料，是文化与财富的生产者，所以要研究各种社会问题、经济问题、政治问题、教育文化问题，必须从人口着手……我相信人口问题，是中国一切社会问题的根本问题”，“必须节制生育、以减少生存竞争，使已生育的幼孩，有较好的发展机会”。[③]

陈达的人口思想主要集中在《人口问题》和《现代中国人口问题》等著作中，倡导节制生育、减少人口数量、改善人口品质。[④] 他认为，“人口数量是与人口品质处于反对地位的”，要改善人口品质，必以限制人口数量为前

① 陈长蘅. 中国人口论. 北京：商务印书馆，1918：84.
② 陈长蘅. 三民主义与人口政策. 北京：商务印书馆，1930：78.
③ 许仕廉. 中国人口问题. 北京：商务印书馆，1930：1，7.
④ 傅学良. 民国时期我国人口学界有关人口问题观点的概述. 人口研究，1996（4）：28-33.

提。改善人口品质的方法有三条：一是免费教育的推广，二是人民入款的增加，三是生育节制，且以生育节制最为直接有效。

吴景超从改善人民生活水平的视角认为，庞大的人口数量阻碍了中国的近代化进程并束缚了生产力的发展，是导致贫困、妇女与儿童福祉偏低等问题的主要原因。因此，他极力主张控制人口数量、提倡“生育制裁”，认为如果人口从 4 亿增长到 6 亿，那么所有为提高生活水平所做的努力都将化为泡影。①

中华人民共和国成立后，得益于医疗技术的发展和卫生条件的改善，中国人口的死亡率迅速下降，从 1949 年的 20‰降至 1957 年的 10.8‰，仅八年时间就下降了一半，而同期出生率依旧保持在 30‰以上，由此带来了人口的极速增长。1953 年第一次全国人口普查数据显示，中国人口总量超过 6 亿，与 1949 年相比，总量巨大、增长极快。1954—1956 年间，刘少奇、周恩来、毛泽东等国家领导人先后明确提出对生育加以节制和有计划生育的要求，由此激发了包括马寅初、费孝通、李景汉、全慰天等诸多学者在内的对人口控制问题的研究，试图通过降低生育率来减缓人口增长速度。马寅初的《新人口论》更是这一时期人口思潮的代表。②

《新人口论》运用矛盾分析方法，通过对 1953 年人口普查数据和一手调查情况的计算，对中华人民共和国的人口现状、人口增长过快的原因、人口增长过快与国民经济之间的矛盾进行了系统分析。文章指出，当时的人口增长率超过 20‰，人口的过快增长与经济社会发展之间存在巨大的矛盾，控制人口数量（和提高人口素质）刻不容缓，否则将影响国民经济的发展和人民生活水平的提高。为此，呼吁建立关于人口增长的动态统计工作，并在此基础上确定人口政策。③ 同时，倡导运用行政和经济手段实行计划生育，如实行生育两个孩子有奖、生育三个孩子要征税、生育四个孩子要征重税的办法。这一思路对 20 世纪 70 年代以来的计划生育工作，尤其是过去 35 年生育政策

① 郑杭生，周国兵. 吴景超的工业化与节制人口思想. 中国人民大学学报，1989（3）：83-88.
② 马寅初. 新人口论. 人民日报，1957-07-05.
③ 马寅初. 新人口论. 北京：北京出版社，1979：19.

的全面推行提供了理论指导。

第二次世界大战后，西方世界出现了补偿性的“婴儿潮”，加上死亡率的快速降低和人均预期寿命的延长，人口迅速增长；虽然 20 世纪 70 年代前后，西方国家的总和生育率开始低于更替水平，但发展中国家的人口增长迅猛，贫困、失业、饥饿、污染等问题凸显。应运而生的现代马尔萨斯主义致力研究人口的爆炸性增长与地球的承载力之间的矛盾，认为人口的快速增长造成了地球的资源枯竭和环境恶化，给人类社会的生存和可持续发展带来了严重危机，尤其是当这一趋势与政治要素结合在一起时，对发展中国家人口的快速增长更为担忧，形成了前所未有的恐慌心态。皮尔逊（Frank Pearson，1837—1899）和哈珀（Floyd Harper，1905—1973）的《世界饥荒》（1945）、赫茨勒的《世界人口危机》（1956）、埃利希（Paul Ehrlich）的《人口炸弹》（1968）、哈丁（Garrett Hardin，1915—2003）的《下议院的悲剧》（1968）、泰勒（George Taylor，1904—1993）的《世界末日》（1970）、米多斯（Donella Meadows，1941—2001）等的《增长的极限》（1972）等著作，都是这种心态的关照与投射。借助于人口统计和人口预测数据，他们认为，现代世界的人口增长已超过土地和自然资源的承载力，当今世界面临“人口爆炸”风险，由此必将带来“资源危机”“粮食危机”“生态危机”。第三世界国家人口快速繁衍的势头若得不到迅速控制，对自然系统的压力将直线上升，进而耗尽资源，人类将面临犹如原子弹、氢弹爆炸那样可怕的毁灭性灾难。

这种恐慌心态对 20 世纪下半叶的人口思潮产生了深刻影响。人们相信，人口过剩危机迫在眉睫，难以驾驭和控制，并正在折磨广大不发达国家的民众。实际上，早在 1959 年，美国的小德雷珀（William Henry Draper，Jr.，1894—1974）将军就开始建议政府发挥作用，抑制发展中国家的人口增长，并于 1965 年在华盛顿成立了“人口危机委员会”（后改为“人口行动国际”），鼓动美国政府介入发展中国家的人口控制计划。①

① 黄文政，李建新，王亚娟．人口问题上，我们跌入了多少个误区．世界知识，2015（19）：14-27.

三、“适度人口论”的思想渊源及其流变

适度人口理论是探讨一个国家在现有资源及科技水平下最适宜的人口规模的学说①，倡导人口既不能过多，也不能过少，人口规模需与经济社会发展、资源环境相协调。早在春秋时期，从崇尚自然、反对纷争视角出发，老子主张“小国寡民”，要求较小的城邦建置和适度的人口规模。② 及至近代（尤其是20世纪30—40年代），中国一些学者试图建立适合中国国情的“适度人口论”；20世纪50年代，孙本文明确提出8亿人口是中国“适度人口”的主张。

较早明确提出“适度人口论”的是古希腊时期的柏拉图和亚里士多德。这师徒二人与色诺芬不同，他们主张人口控制，实现稳定的人口。柏拉图在《法律篇》一书中将人口数量与城邦发展联系起来，强调稳定人口是社会存在和发展的关键因素。国家治理者要根据对国家最有利的原则，全盘考虑已有人口规模、已有城邦土地、与邻国的关系等，确定适度的城邦人口规模，并提出5 040人为适度人口规模。③ 为达到这种稳定状态，国家应干预人民的婚配，“必须不使人民过多而使国家过大，也不可使人民过少而使国家过小”④。同样，亚里士多德在《政治学》一书中，也表达了适度人口规模的思想，认为土地和财富的增长速度低于人口的增长速度，主张在维护财产平等的前提下，通过国家干预婚姻和生育，借助于法律手段来限制人口数量，使人口维持在一定的规模。此外，二人均高度重视人口素质，提出了优质者婚配、劣质者淘汰的主张。

适度人口思想在工业革命和资本主义发展的前一个半世纪中随着古典经济学的兴起而得到进一步发展，强调从经济、财富生产的角度研究人口数量。英国古典经济学派的创始人配第（William Petty，1623—1687）将劳动力看成是社会发展的支柱，认为“土地为财富之母，而劳动则为财富之父和能动

① 中国大百科全书总编辑委员会．中国大百科全书　社会学．北京：中国大百科全书出版社，2002：385.

② 贾来生，盖建民．老子生育思想探微．宗教学研究，2016（3）：22-27.

③ ［古希腊］柏拉图．法律篇．张智仁，何勤华，译．上海：上海人民出版社，2001.

④ ［古希腊］柏拉图．理想国．郭斌和，张竹明，译．北京：商务印书馆，1986：194.

的要素”，适度的人口规模有助于国家的财富积累。①

众多空想主义者也坚持“适度人口”的思想。英国空想主义的创始人莫尔（Thomas More，1478—1535）在《乌托邦》一书中提出了人口与社会财富分配必须平衡和适度的理论。法国空想主义者圣西门（Claude-Henri de Saint-Simon，1760—1825）和傅立叶（Charles Fourier，1772—1837）认为，贫困、死亡是制度问题，应该寻求一种使人口与财富协调发展的社会制度。傅立叶在《全世界和谐》《四种运动论》《新世界》等论作中阐述了他的“法郎吉”与和谐社会思想，法郎吉是包括工业、农业、商业、家务、教育、科学、艺术等七种劳动在内的生产与消费协作组织，实行产品按劳分配的原则。

现代适度人口论的主要代表人物是法国人口学家索维（Alfred Sauvy，1898—1990）。他对适度人口的分析跳出了已有理论静态分析的局限，在假设某些条件发生变动的情况下，对最适宜的人口规模进行了动态考察。首先，索维对适度人口的界定更接近其本质释义，认为适度人口是指一个以最令人满意的方式达到某项特定目标的人口。② 这个新定义包含了两个关键词：一是目标，二是手段。目标和手段不同，适度人口的规模也存在差异。其次，索维扩展了适度人口的内涵，从适度人口规模扩展到适度人口增长率，从人口增长的负担与效益之间寻找均衡点，并以这种均衡点来确定适度人口增长率。③

人口承载力理论是适度人口理论的延伸和发展，重点关注人口与环境、资源之间的关系，其主要代表人物及著作有美国生态学家福格特（William Vogt，1902—1968）的《生存之路》和世界环境与发展委员会的《世界无末日：经济学、环境与可持续发展》。《生存之路》一书试图通过一些精心选择的例子告诉人们：人类作为环境中的一部分，与环境相互作用，人类的生活要与环境相适应。④《世界无末日：经济学、环境与可持续发展》一书采用经

① ［英］配第．配第经济著作选集．陈冬野，等译．北京：商务印书馆，1981：66.
② ［法］索维．人口通论（下册：社会生物学）．查瑞传，等译．北京：商务印书馆，1983：52.
③ 杜亚军．索维的适度人口及其人口生态理论体系．人口学刊，1988（4）：63-67.
④ ［美］福格特．生存之路．张子美，译．北京：商务印书馆，1981.

济学的视角和方法，论述了发展中国家解决环境问题的特定方式，认为有效处理好环境与经济的关系，世界就无末日，经济社会就可得到持续发展。①

适度人口不仅涉及人口本身的问题，还与其他很多因素相关，也不仅是一个相对的概念（即人口和物质资料的比较），还是一个变动的概念，远较前面两种思潮复杂。然而，一方面，怎样的人口属于“适度”，多少人算是人口过多、多少人算是人口过少？这些关键命题在这个理论框架中却只有笼而统之的叙述，缺乏明确的阐释与厘定；科恩（Joel E. Cohen）曾收集、整理了关于适度人口的 20 余种定义，提出 11 种定义视角，但仍旧没有给出清晰、明确的界定。② 实际上，从索维提出这个术语开始，它就是一个模糊的概念，迄今对其内涵和外延都不甚了了；且因不同的人从不同的角度来看所谓的“适度”，实际上也说不清楚。另一方面，近几十年的“适度人口论”在很大程度上是从降低人口增长速度视角提出的；人口增长过快、总量过大，超出了资源环境的可承受能力，故需要通过限制人口来达到人口与资源的平衡。从这个意义上讲，“适度人口论”或可被视为对“人口控制论”的一种温和的修正。

上述人口思潮产生于特定的历史时期，尽管有的理论在现代社会看来存在诸多矛盾与局限，但却顺应了各自时代背景的人口发展特点，对于我们了解未来的人口发展方向同样具有重要的理论指导意义。

四、“增殖/控制人口”背后的理论逻辑：“人口论”与“人手论”的千年迷争

从历史的纷争中抽离出来，我们不难捕捉到，无论是人口增殖论、人口控制论还是适度人口论，视角各有所重。在农业社会，研究多聚焦在人口与食物、人口与土地、人口与军事等问题上，这些问题与特定的封建社会农业经济的生产特征密切相关；在工业社会，研究多聚焦于人口与食物及非粮食

① ［英］皮尔斯等. 世界无末日：经济学、环境与可持续发展. 张世秋，译. 北京：中国财政经济出版社，1996.

② Cohen, J. E. How Many People Can the Earth Support? Population Today, Population Reference Bureau, 1996: 4-5.

资源、环境的关系等问题上；在后工业时代，对人口规模的争论更为复杂，因为人口与各类其他关键要素的关系受到技术进步的干扰和调节，不再是一种单向或线性的关系。但是，无论是在哪个历史时期，一个共同的趋势是，各观点的差异根源于对人的价值认知与研判。争论的起点总离不开人与自然的关系，而讨论的终极目标始终是人类福祉的改善，将人口与自然的关系升华为人口与社会的关系，通过探索一定的人口数量，达到整体社会协调、和谐发展的目的。

其一，在“人口增殖论”与“人口控制论”千年纷繁的迷争背后，是“人口论”与“人手论”的价值取向和理论逻辑。纵贯来看，这些人口流派的理论论争实际上就是一部文明社会关于人口数量的思想史。这部思想史有三个共同关注的命题：人口与生活资料之间的关系如何？人口与经济社会发展之间的关系如何？人口与资源环境承载力之间的关系如何？对这三个命题的阐释成为各类人口理论争议的基础，即人主要是物质资料的生产者还是消耗者。千年的历史迷争，说到底，不过就是“人手论”和“人口论”之争。在“人口增殖论”中“人手论”占主导地位，并沿着“人口数量增加/减少→人口和人手同时增加/减少，但是人手的增加/减少大于人口的增加/减少，即人的生产属性大于消费属性→促进生活资料增加和经济社会发展，对资源环境的消耗未同比例增加”的逻辑思路进行叙事；在“人口控制论”中“人口论”占主导地位，并沿着反向逻辑进行叙事；“适度人口论”则是兼具两者的“折中论”，人口过少时需增加人口，而在人口与资源环境不相适应时，就需控制人口，但如前所述，该理论发展到现代，成为“人口增殖论”的温和版。在一个国家里，当“人手论”占上风时，就会出现鼓励生育的思潮和相应的政策；反之，当“人口论”占上风时，就会出现控制生育的思潮和相应的政策或项目。换言之，人口思潮或学术思想的交锋主要存于“口”“手”之间；“口”“手”之辩或二者的孰重孰轻之辩，即是千年迷争背后的理论基础和逻辑意趣。

“人手论”强调人作为生产者的一面，即人口的劳动属性和人的创造价值，认为众多的人口中孕育着更多的知识生产与创新潜能，是社会发展赖以存续的重要资源，故在“手”与“口”的关系中，占主导地位的一面是“手”，即随着人口数量的增加，人手/人口也在增加。但是，人虽都有一张口，要吃饭，但也有两只手，能创造财富；人多固然消费多，但生产更多，因而积累也必然更多。从人类发展的历史来看，一个人一生中所创造的价值总会大于他（或她）所消耗的价值，正因为如此，人类社会才会越来越进步。

“人口论”强调人作为消费者的一面。其理论逻辑是：“人口”是绝对的、“人手”是相对且有条件的，因为人从生到死，必然会消耗资源环境，但未必一定能成为创造者和贡献者；人口过多，特别是与资源环境的承载力不相称时（我们必须注意到这个前提），不仅会带来贫困，而且会影响人类福祉的改善，故人口的适度减少有利于降低对资源和环境的压力，提高人类生活水平。人手再多也无法创造更多的物质资源，即人手未必与人口的增加成正比；在其他条件一定的情况下，人口数量越少，人均可分享的自然资源就越多，越有利于社会整体福利水平的提升。

可见，“二论”之争背后的共同逻辑都是围绕对人的价值的评判来展开的，而对人的价值的研判始终与人口与土地等资源及社会的关系紧密联系在一起。无论是古希腊时期的色诺芬、资本主义时期的重商主义者和古典经济学派以及中国春秋战国时期孔子及儒家学派的“增殖人口”思想，是韩非、马尔萨斯、洪亮吉或马寅初的人口控制思潮，是柏拉图、亚里士多德和索维的中庸之道，还是现代和今天的对人口过剩/生育过低的恐慌论，都从未就人口谈人口，而总是将人口问题置于宏观的社会情境中。不同时期的理论观点和思想流派均带有明显的时代痕迹，“人手”“人口”也都与彼时经济发展状况和社会面临的具体问题密不可分。但是，他们看到的问题或看问题的视角却是不同的：孔子、色诺芬等人看到的是人口与土地、人口与国家实力之间的正向关系，强调人的生产属性；而韩非子和洪亮吉、马尔萨斯等看到的是在生产有限（而非资源有限）情况下人口的快速增长对食物带来的挑战，强调的是人的消费属性。随着社会的发展和工业革命的兴起，贫困、贫富差异、失业、环境污染等问题的日渐突出，人口与资源、人口与环境等可持续发展问题成为新的研究议题。该议题在第二次世界大战后受到高度关注，引发了社会对于人类可持续发展的深思，并持续到时下社会。

其二，千年的“手”“口”之辩随时代而更迭交替，透视出历史的轮回。当我们聚焦于历史长河时就会发现，从早期文明开始，“人口论”“人手论”和“适度论”总是比肩而立、相伴相生；但是，在任何一个百花齐放的时代，思潮之间总是有主有次，从“人手”到“人口”再到“人手”，而主次的替代折射出螺旋式的历史轮回。在这种轮回的背后，是对什么样的人口数量能更好地适应君主的统治、臣民的福祉和社会的发展的研判。

在农业社会，人口总量的思潮论争多聚焦在人口与食物、人口与土地、人口与军事等问题上，这些问题与特定的封建社会农业经济的生产特征密切相关。彼时，农业为国民经济的命脉，而人作为无可替代的“第一生产力”，是这一命脉的掌控者；同理，古代社会战争频繁，“国之大事，在祀与戎”，而在冷兵器时代，人是获取战争胜利的重要资源，从而进一步凸显出“人手”的重要性。“普天之下，莫非王土，率土之滨，莫非王臣”，领土规模大小以及臣民数量多寡已然成为封建君主皇权的象征。人口繁荣不仅代表劳动力数量的增加、兵源的富足，也成为统治者权力的象征，“人手论”被赋予了政治上的独特意义。而且，其重要性又被过高的人口死亡率所强化，于是便有了“多子多福”生育理念的理论支撑。由此，基于税收和兵源的考虑，国家总是以鼓励生育为主，人愈多就愈能促进社会生产力的发展，愈能开疆拓土、赢得战争的胜利，愈能推动国家物产丰富、兴旺强盛。

工业革命的兴起极大地推动了经济社会的快速发展，而后者又与人口的几何式增长相辅相成。在繁荣的人口背后，却难以掩盖人口与就业、人口与环境、人口与食物之间的矛盾。食物和资源有限性与人类繁殖无限性之间的矛盾逐渐成为社会争论的焦点。故此，在近代社会，“人口论”受到更多的关注，并逐渐取代了“人手论”。讨论的中心围绕人口控制展开，主张限制生育、避免人口增长超过土地和自然资源的负载力，认为如果不对人口加以控制，就会出现“人口危机”，甚至恶化为“资源危机”等毁灭性灾难。[①②] 不过，以政令的形式限制生育的，只在现代社会才真正出现，且“人口论”还遭到“人手论”的严厉批判。只是在20世纪70年代前后，国际社会才真正对人口的过快增长表现出极大的恐慌，“人口论”被赋予了政治上的独特意义。

时移事迁。在后现代社会，第一次和第二次人口转变浪潮重构了西方国家和包括中国在内的发展中国家的人口格局。此时，对人口规模的争论更为复杂，因为人口与各类其他关键要素的关系受到技术进步的干扰和调节，不再是一种单向或线性的关系。当前的现实情况是，发达国家的生育已降至极低水平，人口年龄结构的老化、劳动年龄人口的降低、人口增长速度的减缓等问题的涌现，带来对“低生育陷阱”的恐慌。目前的主流思潮是，过低的生育率不仅不利于一国经济社会的可持续发展，而且事关种族的兴衰存亡；加上宗教文化和政治因素，发达国家开始旗帜鲜明地鼓励生育。由此，“人手论”再次被赋予了浓厚的政治意义。

中国历史上的人口思潮，特别是1949年后，政府、社会和学界对待人口的态度又何尝不是一部“人手论”与“人口论”的更替史？从先秦诸子从家庭层面强调“瓜瓞绵绵”到国家层面鼓励生育，到明清时期倡导控制生育思想的交替演进，既有理念层面的考量，也有现实层面的考量。1949—1953年，中国不成文地放任人口增长。彼时，新兴的社会主义国家欣欣向荣，但百废待兴、百业待举，急需劳动人手来开展工农业生产和社会主义建设，放任人口增长顺应了生产与发展的需求。然而，人口的过快增长引发了中央政府的担忧，并于1954—1957年主张节制生育；但是，在控制人口的方针尚未深入群众之时，“大跃进”就开始了，“人多好干事”的“人手论”成为占主导和统治地位的政治理念。国家三年困难时期结束后，补偿性生育陡然回升，节

---

① 但是，科恩在1996年出版的《地球能养活多少人》一书中认为无法预言地球的承载能力。气候变化、能源供求和科技发展等都是可能影响最终结果的因素。

② Lam, David. How the World Survived the Population Bomb: Lessons from 50 Years of Extraordinary Demographic History. *Demography*, 2013, 48 (4): 1231-1262.

制生育的思想随之复苏；从 20 世纪 70 年代早期起，在国际思潮和内在需求的双驱下，中国开始真正实施生育控制，“人口论”逐渐再度居上。1980 年，中共中央发表《关于控制我国人口增长问题致全体共产党员、共青团员的公开信》，预示我国全面进入严格的生育控制阶段，“人口论”主导下的“一孩政策”成为主要的政策方向。尽管该政策与农业社会的基本特点（对“人手”的需求）相矛盾，并倒逼中央和地方政府针对不同人群分别推行有差异的生育政策，但总体而言，严控生育是过去 30 多年的主要人口政策格局。而在 37 年后，国内的主流人口思潮与西方的同步，认为不仅必须彻底放开生育政策，而且应明确鼓励生育；粗略地讲，“人手论”再次代替“人口论”成为时下的主流思想，人口思潮走完了一次完整的历史轮回。

其三，“人手论”与“人口论”的迷争在当今社会更复杂。一方面是数量之中杂糅了结构要素。包括中国在内的许多国家，尤其是发达国家，生育潜能低位运行、生育意愿已降至低水平、少生优生的理念已蔚然成风，由此带来人口老龄化程度日深。另一方面是人口分布的可变性与资源环境等自然条件的不可变性。从“人手”的角度来看，人口的增加的确会带动经济社会的发展，但从“人口”的视角来讲，人口的聚集增加也势必对有限的环境资源提出挑战。由于地理位置、气候条件等自然因素的影响，中国人口分布的空间格局一直是东密西疏、南稠北稀；近几十年人口的大规模流动，进一步加剧了这种格局。故此，在放开生育政策的同时，部分大城市却在出台人口调控政策，旨在调整人口的空间分布，有“适度人口”的意蕴。同时，相较于马尔萨斯时代，今天不仅人口总量大增，而且经济社会得到巨大发展、生活水平得到巨大改善；更为重要的是，过去我们认为无可替代的资源，在新技术的帮助下，可以替代甚至再生。从这个层面来看，“人口论”与“人手论”似乎陷入了争论的极端，或过分强调人的生物属性而忽视了人的能动作用和非自然资源的可再生性，或过分强调人的创造性而忽视了创造性背后的文化与制度驱动力。那么，在新的情势下，如何研判“人口”与“人手”之争，给我们提出了一个新的课题。

纵观“增殖人口”与“控制人口”的千年纷争，我们不难发现，它们在本质上是对人的属性、对人口数量及其效应的价值取向之争，各自的背后有着不同的出发点、逻辑性、基本假设与理论倾向。在这种宏大的理论思潮的变动趋势下，理论思想总是在对人口数量的应然争论与对既有现象的实然归纳之间摆动。当我们细细品读不同时期的人口论著时，在粗犷的历史逻辑下，又发现了伴随历史的轮回而出现的人口思潮的轮回。在过去的百余年中，中国就经历了反反复复的变化。

五、余论——从“手”“口”之辩到“人才/人脑”之论

数千年中，“人手论”和“人口论”虽不离不弃、如影随形，但不同时期各自影响的差异甚大。如果说农业革命解决了人类稳定的食物来源、工业革命打破了生存空间的地域疆界，今天的信息技术革命则融通了人脑的智慧和创造力。在这样一个大变革的大时代，关于人口数量的论争，无疑也应该从“人口”与“人手”的纠结之中抽离出来。

低生育已然成为当前中国社会的“新常态”，人口年龄结构老化等现实难题倒逼生育政策解缚，虽然政策调整在短期内无法消解此难题；而人口总量大、人口分布不平衡对资源和环境的压力也将持续存在。借古喻今、以史明镜，“人口”与“人手”迷争的历史轮回给了我们诸多启示。“人口论”强调人的消费属性，“人手论”强调人的创造属性，但两者均需要回答一个共同的问题，即：如何在有限的物理资源的约束下实现人类发展与经济社会的和谐？若强调增加“人手”以缓解老龄化的压力，则“加快物理资源短缺并造成人类生活水平下降”势必成为“人口论”者的驳斥利器；若通过限制“人口”降低物理资源的承载压力，则“人手论”者会以人类的物质需求缺乏创造加以反驳。但是，过往的“二论”之争更多强调人的基本生存需求，而忽视了人们对生活质量的追求；如今，多数地区的温饱问题已得到初步解决，人们已开始追求更高的生活质量。但凡有可能，中国人往往会把孩子送往海外发达地区，一个重要的目的就是追求更好的生活环境和发展机会，因为发达国家竞争相对较小，但具有更丰厚、更优质的资源；2016 年，中国因二孩政策新增的出生人口不过 200 万人，在某种程度上，年轻夫妻即使有二孩生育意愿，也不希望多生一个孩子从而对生活质量带来损害。

那么，为了真正实现人口与经济社会和资源环境的协调，有没有第三条道路可走呢?

我们不妨先试图回答这样一个问题：作为世界第一人口大国的中国，人口对于经济社会发展究竟是优势还是劣势？一个客观事实是，中国土地面积、能源等资源位居世界前列，但庞大的人口总量却使人均水平处于绝对劣势。表面看来，人口的消费属性带给资源、环境巨大压力，但可替代能源、清洁能源的发明与应用，以及生产方式和生活方式的改善，却降低了能源的消耗速度。从粮食生产来看，中国曾用世界 7%的耕地养活了世界 22%的人口。这充分说明，人本身就是一种优势资源，人的创造与智慧是无穷的；纵观改革开放四十年的成绩不难发现，在这样一个特定历史时期，劳动力优势带来了“人口红利”，极大地促进了中国经济的发展与腾飞，表明人口与经济之间并非一定呈反比关系。[①] 若将更多的人口资源进一步转化为智力资源、人才资源，则未来中国将会续写“7 与 22”的奇迹。但是，与此同时，我们也看到，同样作为人口大国的印度，却没有发生这样的奇迹，而这又表明：“人口”未必一定会化为“人手”；这个转化过程是有前提条件的，即良好的制度。

在上述各类思潮中，人似乎遵循“觅食—繁殖—觅食”的简单逻辑。当食物较为充足，超过人口需求总量，即符合“人手论”的预期，反之则符合“人口论”的逻辑。但是，人与自然生物最大的区别在于自我创造的能动性，利用工具、智慧等，既可实现“觅食”的最大化，亦可保证合理的繁殖速度，还可通过非常规甚至不道德手段获取或掠夺财富，历史上通过和平或战争的方式开疆拓土、进行海内外移民或殖民等都是例证。因此，在人的消费属性无法消除甚至无法减少的情况下，通过提升人的素质与智慧，突出“人脑”的作用，增加人手与人口的比值，或可成为调和“二论”的重要突破点之一。

其实，有关人口素质的讨论早已有之，先哲柏拉图、亚里士多德早就对人口素质的重要性进行了论证，主张通过国家倡导婚配、降低新生婴儿的缺陷等提升民众素质；严复、孙中山等人将国人道德的沦丧归于人口素质的低

① 葛剑雄. 人口多是中国实现现代化的主要障碍吗. 探索与争鸣，1995 (2)：15-17.

劣，倡导优生……当代中国的计划生育方针既强调“少生”，也强调“优生”，将提高人口素质作为一项长期目标。而且，诸多以“人口论”或“人手论”著称之人，实际上都带有“人脑”的意涵，强调了人的创造性。毛泽东曾说，世间一切事物中，人是第一可宝贵的。在共产党的领导下，只要有了人，什么人间奇迹都可以创造出来。人多议论多，热气高，干劲大。从来没有看见人民群众像现在这样精神振奋，斗志昂扬，意气风发。过去，我们更多地关注人口数量的意义，但显而易见的是，“人间奇迹……创造”“议论多，热气高……意气风发”等，也反映出对人的脑力与创造性的重视。同理，很多担忧“人口过剩”“人口爆炸”的人，也不否认人口的创造属性，亦不认为人口越少越好。在《新人口论》中，马寅初便明确提出，可通过提高劳动生产率，增加产出，从而改善人民生活水平。可见，他们只是表达一种对“人口快速增长”所可能引起的生活资料短缺的隐忧，明显地打上了所属时代的烙印与痕迹。

人口资源、人力资源和人才资源构成金字塔式的结构关系，但尽管提高人口素质的思潮古已有之，古今人口学界对提高人口素质的关注却远不如对人口控制问题的关注。① 那么，为何它在人类历史长河中长期被忽视以致人口思想主要沦为人口数量之争呢？答案十分明了。增加人口或数量调控的成效显而易见。规模达到了多少？增减幅度如何？多长时间人口可以加倍或减半？这些问题均能有效量化，从而成为统治者人口目标的重要方面。相对于人口数量而言，人口素质更为抽象和复杂。如何度量人口素质？身体无缺是否代表了人口素质？显然不尽正确。在统治阶级治理国家的过程中，很难通过人口素质这一指标来衡量其政绩的优劣，故全面提升人口素质往往仅作为一种“呐喊”的口号而长期被忽视。在农业经济年代，“身体资本”、身强体壮似乎代表了“人口素质”；随着社会发展以及信息技术的革新，“智力资本”取代“身体资本”成为重要的生产力，而“人脑”正是这种资本的载体。

因此，“人才论”或“人脑论”或是可行的第三条道路；“人脑”和“人

① 顾宝昌，穆光宗．重新认识中国人口问题．人口研究，1994（5）：2-10.

手”是相互联系、相互区别的概念，“人脑”可理解为“人手”的拓展与性质的延展。在经济上，人先是“人口”；在合理的市场环境下能成为“人手”；只有制度和技术合适，才可能上升为“人脑”。① 人作为存活的生命体，首先是消费者，即“人口”；当社会秩序以及经济环境合理，个人通过能力谋求一份工作并对经济社会的发展做出贡献时，便表现出“人手”属性；当国家致力于技术创新时，“人手”则进一步上升为“人才”，说明人的各个属性之间是相依相存、互相转化的。

在农耕时代，土地是最重要的自然资源，人手是最重要的人力财富；帝王多从自身财富视角而非百姓福祉出发，来考虑人口增殖本身及其蕴含的价值。工业革命后，人手依旧宝贵：不仅是制造和服务的劳动力，而且是让过去沉寂的自然资源成为财富的人手；但是，此时整个社会的格局和结构都发生了巨大变化，蒸汽机、纺织机等机械打破了地域疆界，乡城流动、海外殖民等也打破了财富的垄断局面，人手的部分功能逐渐被机械取代。进入信息化社会后，人口的发展完全突破了过往那种相对封闭的格局，学者也突破了过往在相对狭小的社会情境中来讨论人口数量多寡问题的限制；全球化的趋势使得人口不再是君主独占之臣民，一地的资源也可为遥远之地的人共享。无论是何种自然资源，都不再是决定一个国家实力的最重要标尺，只有人才资源才是决定经济社会发展、国际竞争力的真正财富。

美国——当今世界的霸主，凭借先进的技术、领先的科技、人才的聚集优势雄踞世界首位，屹立于世界最高点；同样，日本作为技术领先国，从第二次世界大战至今不足百年里，也已成功跻身发达国家的行列。稍显落寞的是，中国作为第一人口大国，尽管在21世纪不断赶超发展并成效卓然，但仍难以摆脱世界工厂的首因效应。因文化传承与制度因素，非洲等落后地区人口众多，既不能挖掘类似中国的人口红利，更谈不上发挥美日等发达国家的头脑优势，由此形成不平等的、核心—半核心—半边缘—边缘式的世界体系格局。一言以蔽之，美日之民对应“人才”、中国之民对应“人手”、非洲之

① 孙涤. 人口、人手，还是人脑?. 上海证券报，2013-11-01（A07）.

民对应“人口”。可见，只要有制度优势（中国改革开放政策即是例证），“人脑”不仅可以更有效地开发资源、利用资源，增加财富的产出，还可利用种种手段来影响或改变财富的分配。

以上思路对中国的启示是：人口数量只是一个相对概念。人口扮演怎样的角色，关键在于其潜能的挖掘与开发；而对人的潜能的开发，在很大程度上又取决于制度要素。故此，国家真正需要调控的并非单纯的人口数量，而是在关注总量的同时，重点提高与优化人口素质。人不在多寡，有才则灵；国不在大小，有谋则名。人口本身既可能是一种优势资源，也可能成为资源的净消费者；实现“人口”向“人才”、“人手”向“人脑”的转化，才是中国未来的人口发展之路。

重读原典发现，今天社会与学界对低生育率的担忧是由来已久的有关人口数量问题论争的延续，只因所处时代和环境的不同而各有侧重。若将对人口规模的认知理解为一条光谱，在光谱的一端是严格的人口控制，另一端是鼓励增殖；适度人口、人口自然增殖等其他观点也都落在这条光谱上，处于不同的谱段中，其间也随着时间的流逝和环境的变迁而互相妥协出现波动。有时一端的光谱更强，有时另一端的光谱更强；而光谱的走向总是与时代的主流思潮、统治与治理理念、人口与资源统协状况相适应。在变化的时代、变化的社会、变化的理念中，在全球化、信息化的背景下，在低生育、频繁迁移流动、老龄化等人口问题并存的情境里，再做“人口”与“人手”之辩，或在理解人口思潮发展脉络的过程中，脱离或割裂历史来看待今天的“二论”之争，似乎都已失去意义。必须跳出“人口”与“人手”之争，既关注不同思潮之间的分野，更关照彼此的融通，突出“人脑”的作用，避免片面的识记，准确把握学科讨论的精髓。

图书在版编目（CIP）数据

人口原理/（英）托马斯·罗伯特·马尔萨斯著；杨菊华，杜声红译、注．—北京：中国人民大学出版社，2018.7

书名原文：An Essay on the Principle of Population

ISBN 978-7-300-25931-4

Ⅰ.①人… Ⅱ.①托… ②杨… ③杜… Ⅲ.①人口学 Ⅳ.①C92

中国版本图书馆 CIP 数据核字（2018）第 133737 号

人口原理

［英］托马斯·罗伯特·马尔萨斯 著

杨菊华 杜声红 译/注

Renkou Yuanli

出版发行	中国人民大学出版社		
社　　址	北京中关村大街 31 号	**邮政编码**	100080
电　　话	010－62511242（总编室）		010－62511770（质管部）
	010－82501766（邮购部）		010－62514148（门市部）
	010－62515195（发行公司）		010－62515275（盗版举报）
网　　址	http://www.crup.com.cn		
经　　销	新华书店		
印　　刷	北京联兴盛业印刷股份有限公司		
规　　格	170 mm×240 mm　16 开本	**版　　次**	2018 年 7 月第 1 版
印　　张	12.75 插页 3	**印　　次**	2021 年 1 月第 3 次印刷
字　　数	186 000	**定　　价**	48.00 元